5

Zu den letzten Geheimnissen der Menschheit gehören die unergründlichen Tiefen der Ozeane. Die schönste Form, dieses Mysterium zu erleben, ist das Freediving – Tauchen mit der Kraft des eigenen Atems. Faszinierend einfach und natürlich, doch als Extremsport, der hartes Training erfordert, auch riskant und gefährlich.
Zwei Männer, deren Charaktere nicht unterschiedlicher sein könnten, liefern sich seit Jahren einen erbitterten Wettkampf und treiben sich gegenseitig zu immer waghalsigeren Tiefenrekorden: die Weltmeister Pipin Ferreras und Umberto Pelizzari.

Doch letztlich geht es um mehr als darum, Rekorde zu brechen: Die Freediver fühlen sich von den Tiefen magisch angezogen – Gefühle, die ein Außenstehender nur erahnen kann. Sie vergessen in diesen Momenten alles, die Welt dort oben und dass es eine Notwendigkeit gibt zu atmen. Der Taucher wird eins mit dem Meer, es gibt keine Grenze zwischen ihm und dem Ozean. Er ist ein Teil des Ozeans. Etwas zieht ihn immer tiefer hinab. Ganz unten stellt sich ein Gefühl des vollkommenen Friedens ein und schließlich eine innere Stimme, die sagt, dass er nach oben zurückkehren muss.

In den unendlichen Weiten des ewigen Blaus verlieren sich die Farben irgendwo in der Tiefe – erst Rot, dann Gelb und schließlich Blau. Wo es Delphinen und Haien längst zu kalt ist, umschließt den Taucher ein farbloses Dunkel. Die Wassertemperatur sinkt ab 40 Metern bis auf vier Grad Celsius. Dort unten herrscht absolute Dunkelheit. Beim Menschen stellen sich euphorische Gefühle ein, je weiter er in die ungewissen Tiefen vordringt.

9

In den Tiefen wird es auch gefährlich: Tauchern droht in Bereichen ab 40 Metern der Tiefenrausch – wer ihm erliegt, kann Gefahren nicht mehr richtig einschätzen, das Bewusstsein ist getrübt, es kommt zu Sinnestäuschungen. In weiteren Tiefen sinkt die Herzfrequenz, der Druck auf die inneren Organe ist enorm – er ist so stark, dass jeder neue Rekordtauchgang

Wissenschaftler vor ein Rätsel stellt. Extremtaucher haben einen Mechanismus perfektioniert, der Bloodshift genannt wird: Bei zunehmendem Tiefendruck wird Blut aus Armen, Beinen und Bauch in das Gewebe um Lunge und Herz gepresst und verhindert so, dass diese Organe zerquetscht werden.
Apnoe – so lautet der Fachbegriff für das Tauchen mit angehaltenem Atem.

11

nMen

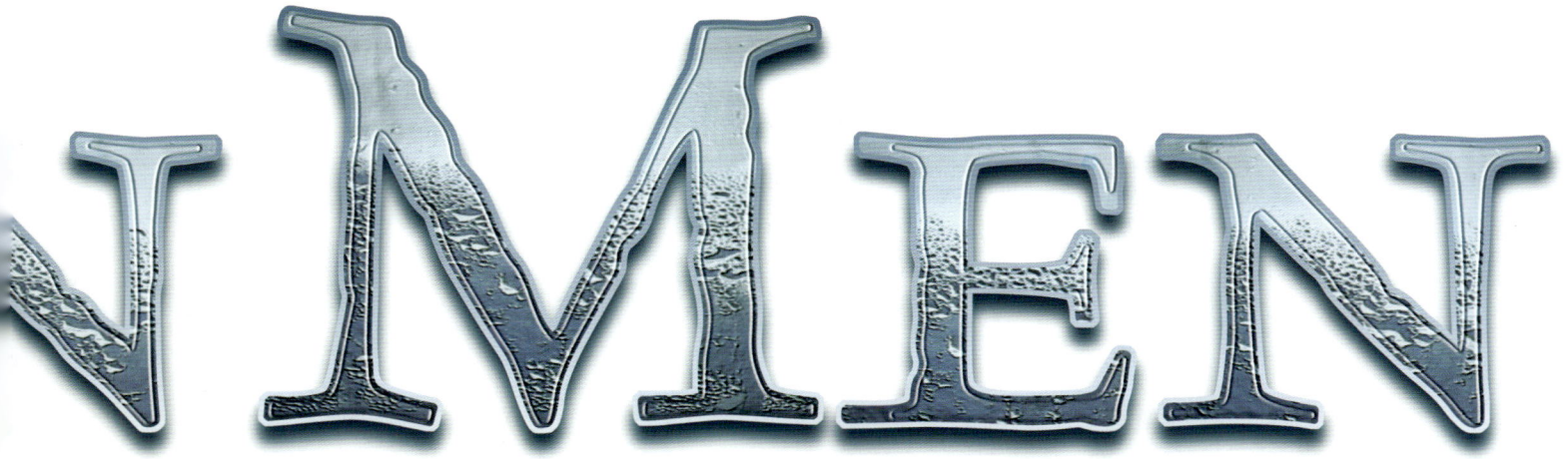

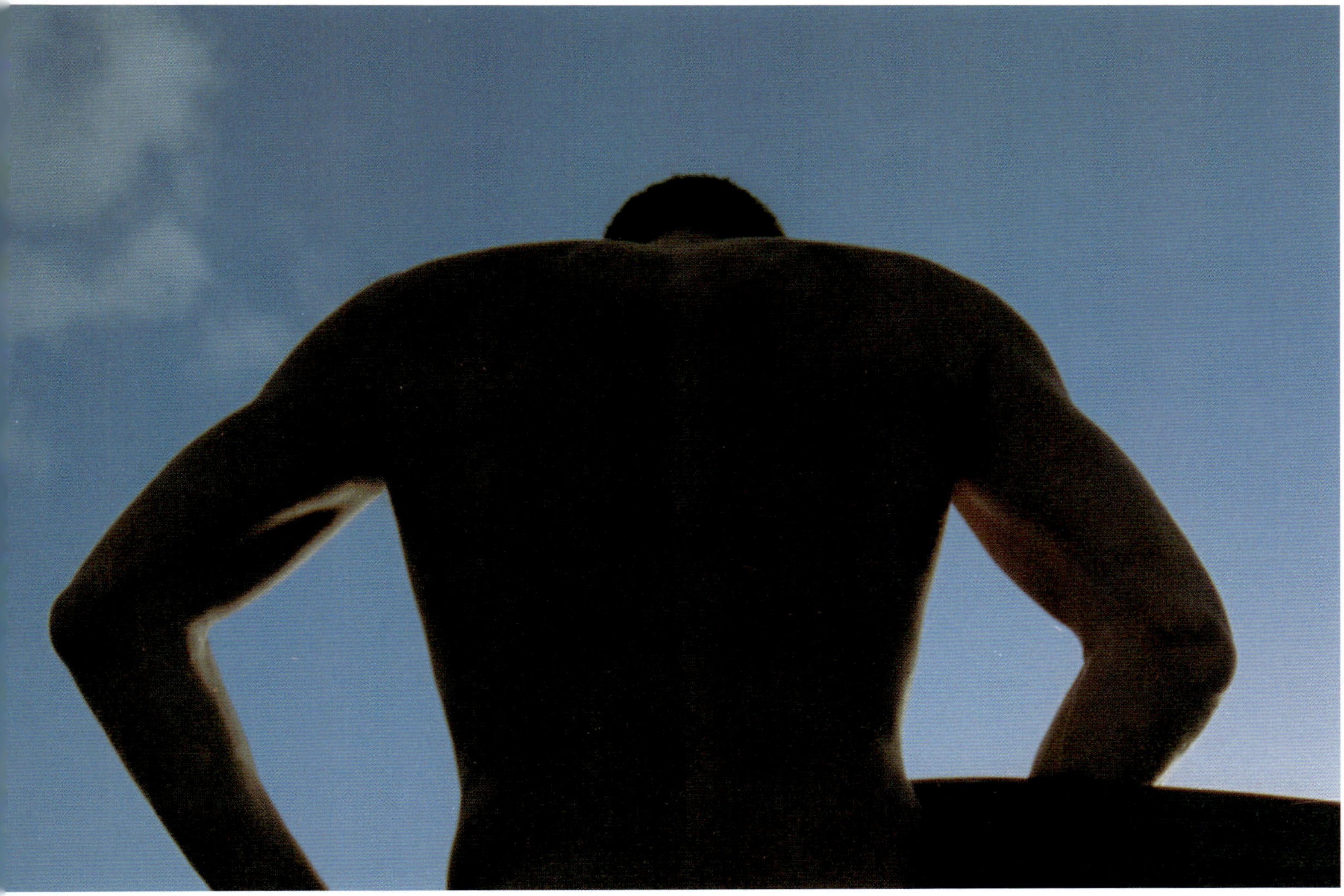

BSV
Burgschmiet Verlag

Pipin Ferreras: In der Tiefe ist Gott

Kein Mensch ist je zuvor ohne Sauerstoffgerät weiter in die Tiefen des Ozeans vorgedrungen als Pipin Ferreras. Ein Gewichtsschlitten reißt ihn nach unten und hilft ihm so, die enorme Strecke in kürzester Zeit zurückzulegen. Denn mit einem einzigen Atemzug muss er auch wieder an die Oberfläche gelangen. Ein Ballon beschleunigt das Auftauchen. Seit Jahren verbessert Pipin beständig seine Bestmarken. Im Januar 2000 tauchte er vor der Küste des mexikanischen Cozumel sagenhafte 162 Meter tief.
»No Limits« – der Name dieser Disziplin ist für Pipin Programm.

Der Kubaner Francisco Ferreras Rodriguez, genannt »Pipin«, hatte von früh an eine innige Beziehung zum Meer. Geboren 1962 in Matanzas an der Nordküste der größten Antilleninsel, wurde er bereits im Alter von

Ich will zum Herzen der Erde vordringen

drei Jahren in einer Santeria-Zeremonie dem Meeresgott Olokun geweiht – eine spirituelle Verbindung, die bis heute besteht.
In seiner Jugend war Pipin Speerfischer und ein wagemutiger Taucher. Bald konnte er in Tiefen nach Fischen tauchen, die keiner seiner Freunde erreichte, und sich damit

seinen Lebensunterhalt verdienen. Ein italienischer Journalist entdeckte ihn für das Freediving und legte damit den Grundstein für Pipins beispiellose Karriere.

Pipins geschäftliche Interessen, die sich bald im Zuge seiner phänomenalen Begabung einstellten, ließen sich nicht mit den politischen Zielen seines Heimatlandes vereinbaren. Heute lebt er in Miami und führt eine TV-Produktionsfirma. Hier ist er mit seiner Tochter Francisca zu sehen.

Was treibt Pipin zu solchen Extremleistungen? Warum begibt er sich immer wieder in Gefahr? »Hier unten in diesen Tiefen spürst du deinen Körper nicht mehr. Alles spielt sich nur noch im Kopf ab. Es ist die perfekte Ruhe. Es ist dunkel und kalt, aber du willst hier bleiben. Wenn du so etwas machst, nach unten gehst, deinen Atem anhältst, dann bist du nicht mehr von dieser Welt. Für mich ist es am wichtigsten, dem Herzen der Erde ganz nahe zu kommen.«

JOSE A.MACAU
SCUELA
ODELO

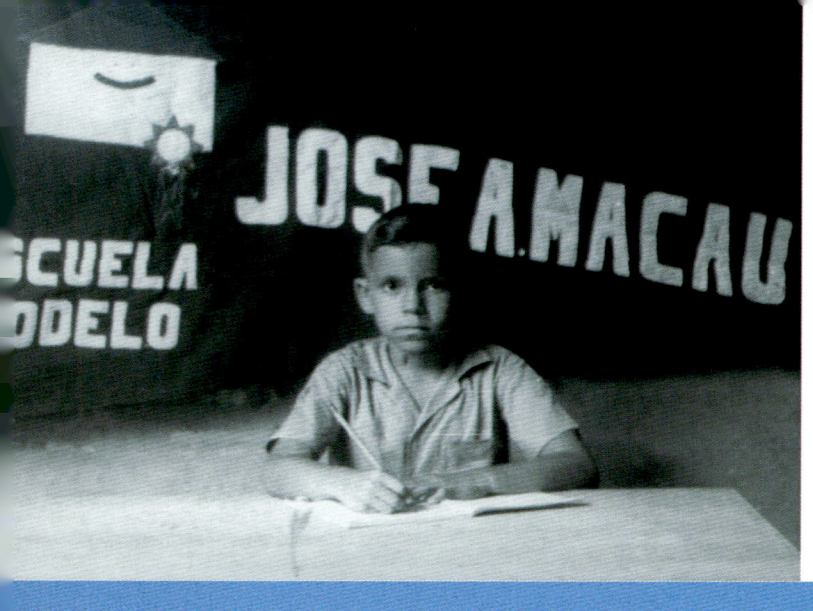

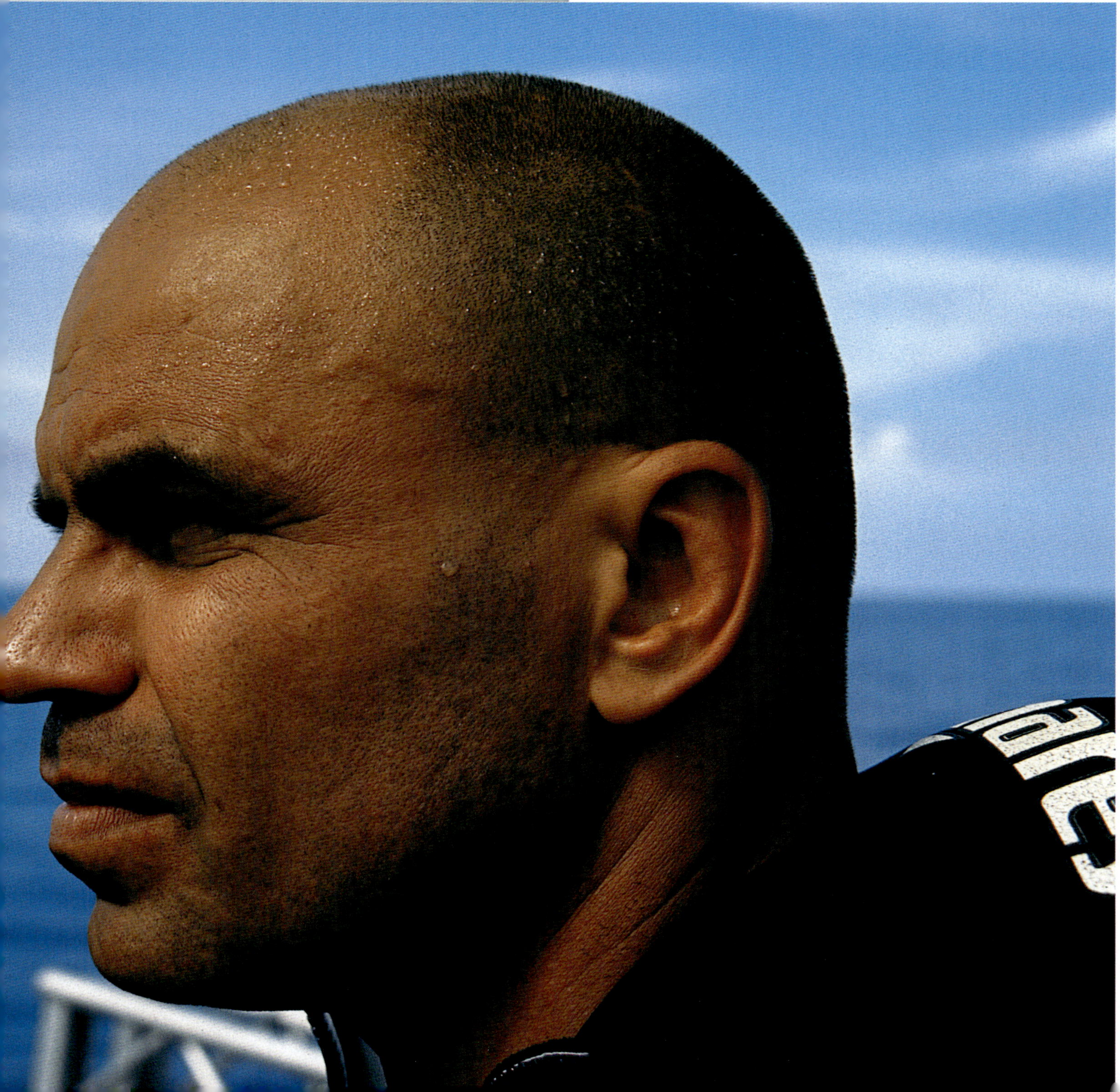

20

Pipin und seine Frau Audrey Mestre Ferreras. Audrey ist eine ehemalige Schülerin von Pipin.

Vorbereitung für den Tauchgang. Mit von der Partie sind auch Pipins Tochter sowie Audrey. Wer könnte Pipins Leidenschaft für das Tauchen besser verstehen als sie, wer das harte Training, dem

er sich unterzieht, und den Wunsch, immer tiefer in den Ozean einzudringen! Niemand sonst ist mit ihm so vertraut wie Audrey. Von Kindesbeinen an ist sie getaucht, und heute gehört auch sie zur Weltelite der Freediverinnen. Im Mai 2000 hat sie vor den Kanarischen Inseln mit 125 Metern einen neuen Weltrekord der Frauen in der Kategorie No Limits aufgestellt.

23

Audrey bleibt in der Nähe des Bootes, wenn Pipin in Aktion tritt. Von der Vorbereitungsphase bis zum Auftauchen ist sie dabei. Immer wieder wird sie ihren Kopf ins Wasser senken und konzentriert in der Tiefe nach ihm Ausschau halten. Ein aufmunternder Blick für Pipin, ehe er nach unten rast. Audrey wird auch den zwölf Sicherheitstauchern, die fertig ausgerüstet schwimmen, nacheinander das Zeichen geben, sich unter Wasser in Position zu bringen.

Auch die Vorbereitungen für die technischen Begleitmaßnahmen laufen auf Hochtouren. Alles soll bis ins Detail wissenschaftlich dokumentiert werden. Ein Sensor wird an Pipins Rücken befestigt, der seine Körpertemperatur, die jeweilige Tiefe und seine Geschwindigkeit misst. Zwischendurch nimmt er sich aber auch die Zeit, in sich zu gehen. Pipin hat sich ganz der No-Limits-Kategorie verschrieben, nachdem er zuletzt 1992 im Konstanten Gewicht mit 68 Metern einen Weltrekord aufgestellt hatte.

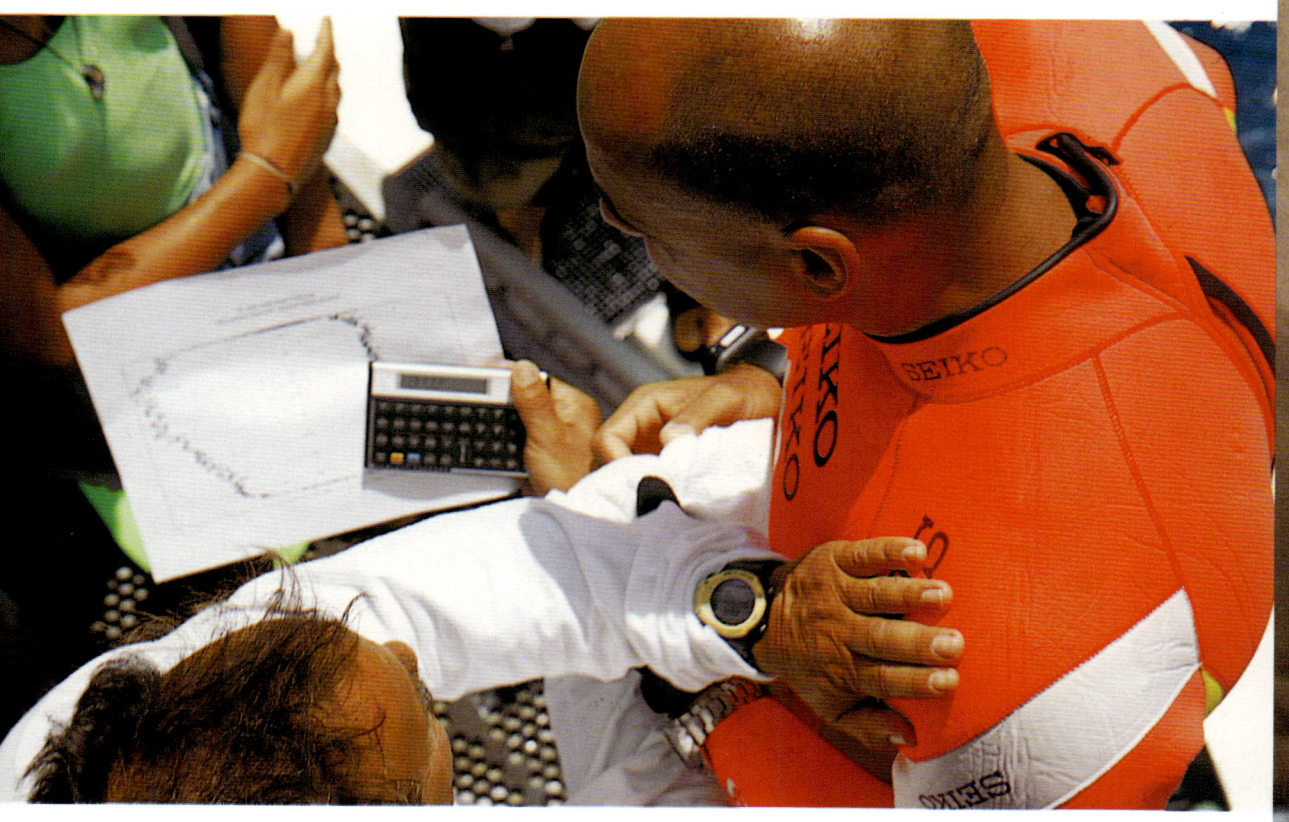

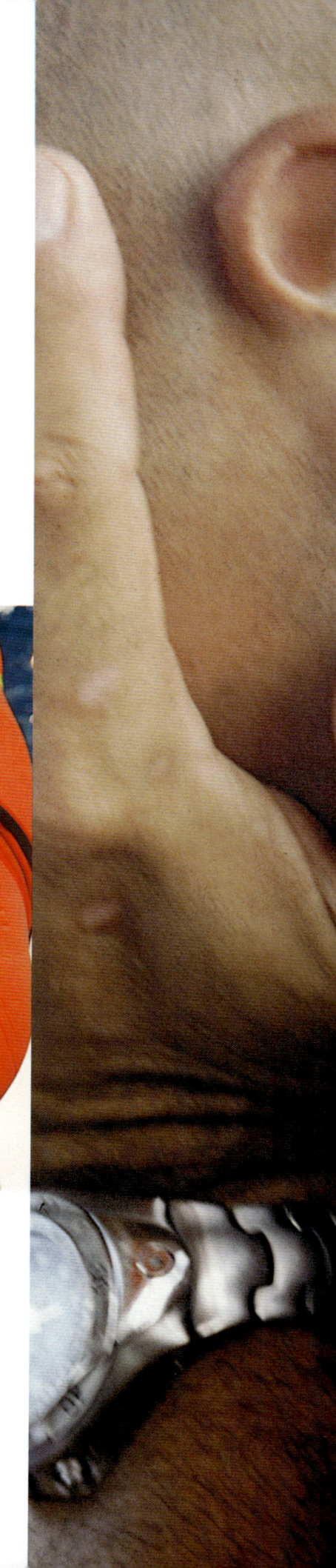

Bei dieser Disziplin geht der Taucher aus eigener Kraft nach unten und kommt ebenso wieder hoch. Er kann sich mit Gewichten beschweren, muss aber mit diesen auch wieder auftauchen.

Pipin will heute unfassbare 162 Meter tauchen. Die Spannung könnte nicht größer sein. Ein Mitglied des Teams nimmt letzte Arbeiten am Ballon vor. Auch ein Touristenboot hat sich eingefunden. Fotografen und Kameraleute werden den Tauchgang dokumentieren. Alle warten darauf, dass es losgeht.

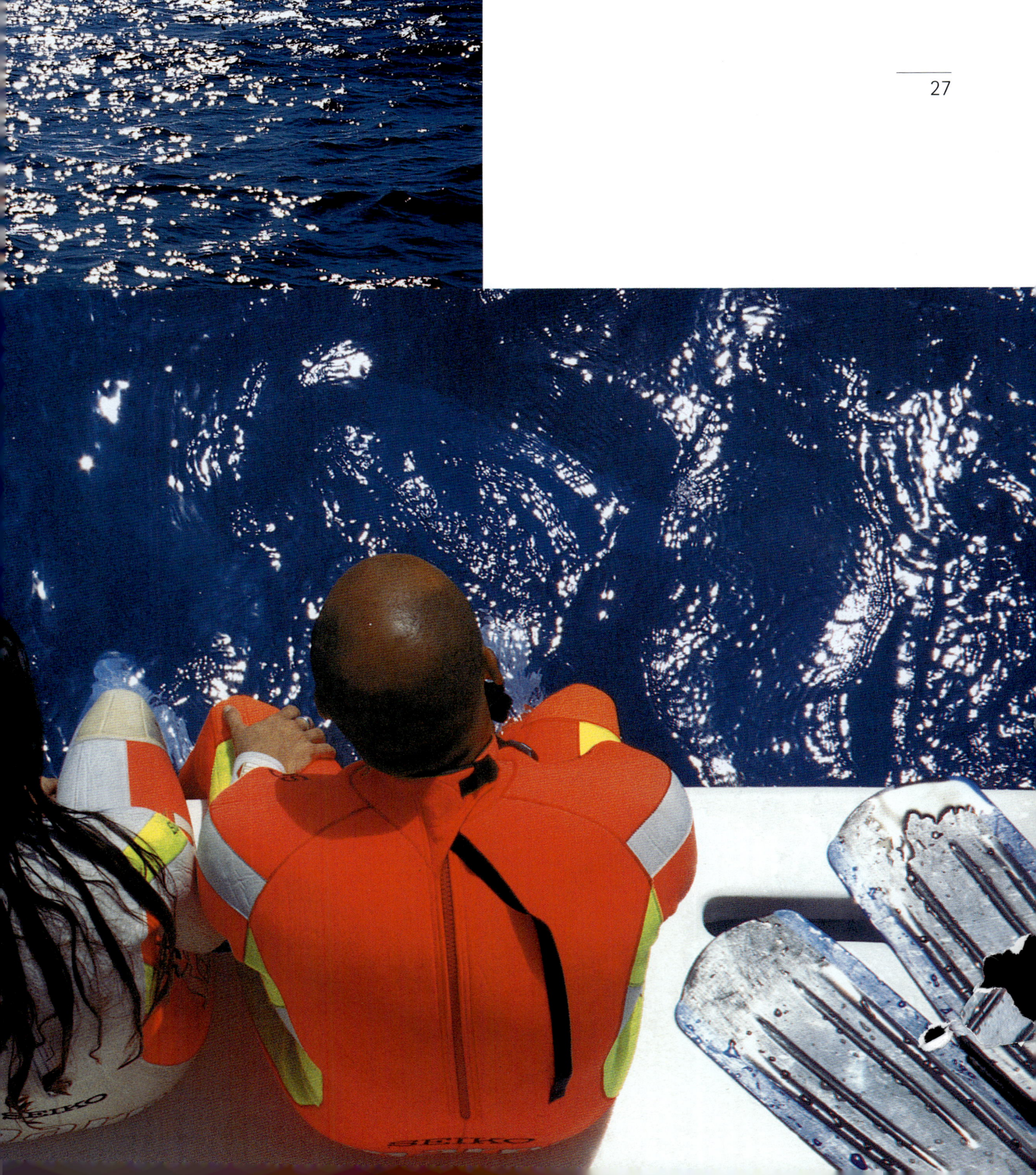

»Wenn ich einen neuen No-Limits-Rekord tauchen will, darf ich an gar nichts anderes denken – nicht an mein Geschäft, nicht an mein Zuhause, nicht an meinen Rivalen. Ich muss allein sein.«

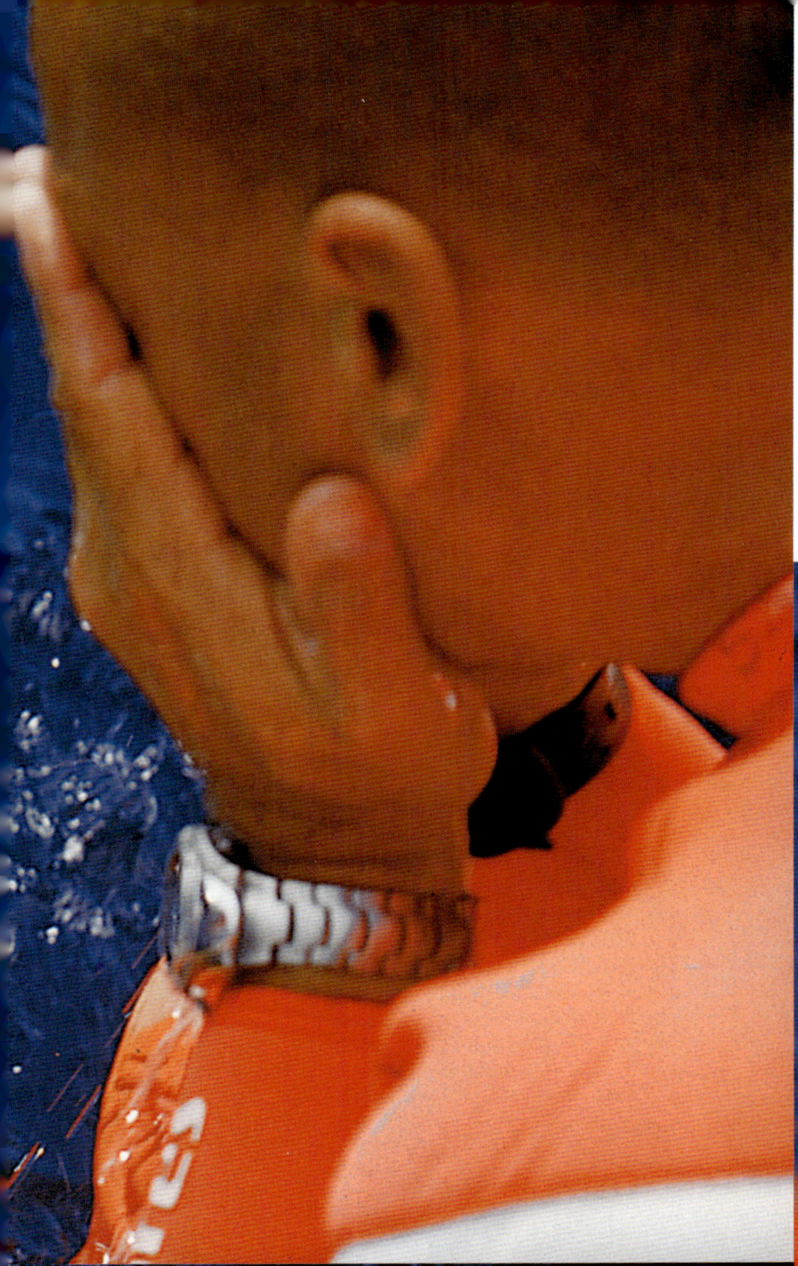

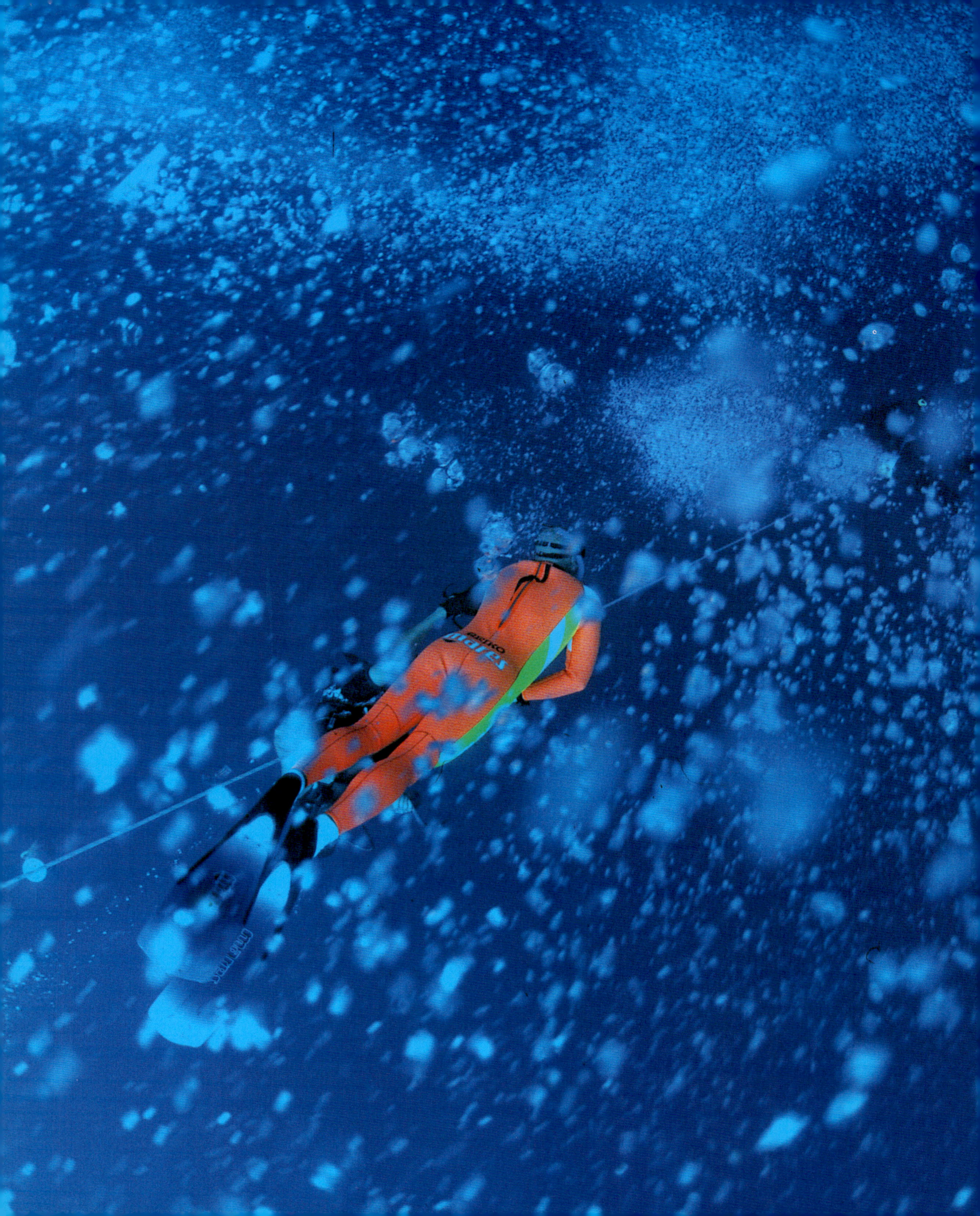

»Die Leute sagen, Gott ist auf der Erde und im Himmel, aber für mich ist er dort unten. Ich habe den Gott im Himmel nicht gesehen, aber den da unten habe ich viele Male gesehen, denn ich bin viele Male gestorben, und er hat mich zurückgebracht. Bevor ich einen Rekord mache, frage ich Olokun, ob er mir Eintritt in sein Reich gewährt.«

Hier im Meer begegne ich Olokun

Höchste Konzentration ist erforderlich. Jetzt muss Pipin sich an die Zeitvorgaben halten, denn die bereits abgetauchten Sicherheitstaucher können nicht beliebig lange unter Wasser bleiben. Sie atmen Sauerstoff-Gas-Gemische, die auf ihre Tiefe und die Länge der Zeit, die sie dort bleiben müssen, exakt abgestimmt sind. Pipin hyperventiliert: Er atmet verstärkt und schneller ein und aus.

Pipin bekommt von Audrey ein Zeichen: Er hat noch maximal eine Minute. Die beiden tauschen einen kurzen Blick aus.
Mit der rechten Hand löst Pipin den Schlitten aus der

Befestigung. Mit dieser Hand wird er die Nasenflügel umfassen, sobald er ins Meer eingetaucht ist, Wasser in seine Nasennebenhöhlen laufen lassen und für den Druckausgleich mehrmals in der Minute drücken und loslassen. Pipin rauscht in die Tiefe.

Nur 8 Herzschläge pro Minute

Pascal Bernabé ist der tiefste Sicherheitstaucher von Pipin. Bevor er abtaucht, überprüft er noch seine acht Tauchflaschen. Die kleinste Unachtsamkeit könnte zum Tod führen.
Pascal muss nach Pipins Auftauchen am längsten warten, bis er ebenfalls nachfolgt, weil er die erforderliche Dekompressionszeit einhalten muss. In der Dunkelheit zu verharren ist unheimlich. »Es ist lebenswichtig, dort unten Ruhe zu bewahren. Manchmal verspüre ich echte Angst: Das ist Stress hoch zehn, denn wer dort unten die Kontrolle verliert, ist ein Todgeweihter! Deswegen übe ich tagtäglich durch Meditation nur das eine: in jeder Situation einen kühlen Kopf zu behalten.«

Pipins Herz schlägt dort unten nur noch 8 Mal in der Minute. Seine Lungen sind auf die Größe zweier Orangen zusammengeschrumpft. »Dort unten verwandle ich mich in ein Wesen, das eher ozeanisch als menschlich ist. Kein Geräusch, keine Angst und nicht der Wunsch, je wieder zu atmen.«
Beim Auftauchen wird es noch einmal auf den letzten zehn Metern gefährlich, auf denen Pipin den Ballon loslassen muss. Wenn sich der Körper nicht schnell genug an den wieder abfallenden Druck gewöhnen kann, gelangen zu viele Stickoxide in die Blutbahn und schalten für Sekunden das Bewusstsein aus – der gefürchtete Shallow Water Blackout. An der Wasseroberfläche warten Pipins Freunde, um ihm im Notfall sofort zu helfen.

Kein Geräusch, keine Angst und nicht
der Wunsch, je wieder zu atmen

Die Freunde liegen aber auch noch aus einem anderen Grund an der Wasseroberfläche und halten Ausschau nach Pipin: Eine ungünstige Strömung könnte ihn von der geplanten Aufstiegsbahn abdrängen, sodass er mit dem Kopf gegen den Rumpf des Schiffes stoßen könnte. Davor müssen sie ihn frühzeitig warnen.

»In den drei Minuten, die Pipin ab- und wieder auftaucht, halte ich das Seil, an dem der Schlitten entlangfährt, ganz fest«, sagt Audrey. »So habe ich eine Verbindung zu ihm und kann mir bei jeder Bewegung vorstellen, was er gerade durchmacht.«

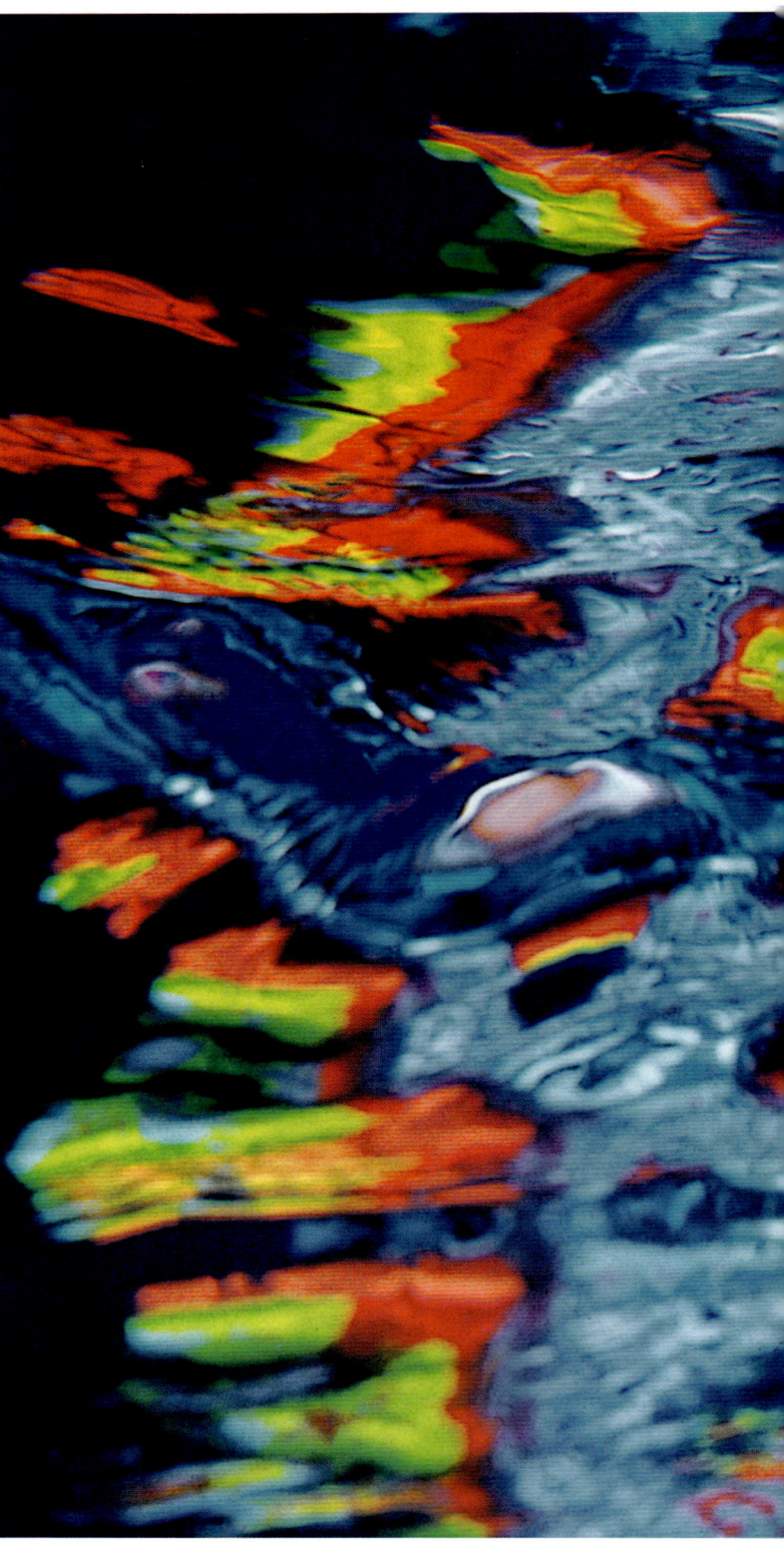

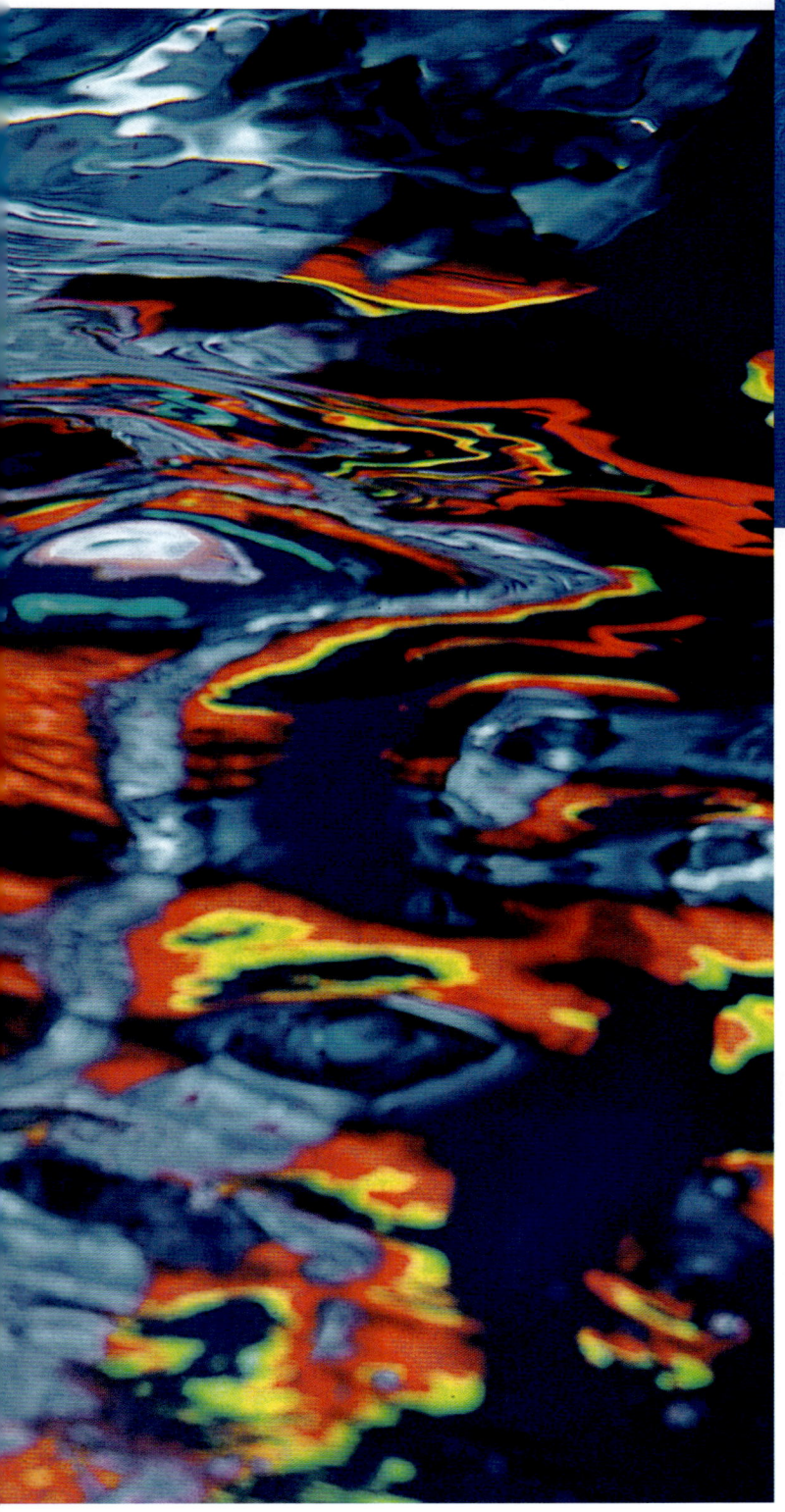

Pipin hat die 162 Meter geschafft! Nie zuvor ist ein Mensch mit einem einzigen Atemzug in eine solch unglaubliche Tiefe vorgedrungen.

Die Grenze ist erst erreicht,
wenn mein Herz bricht

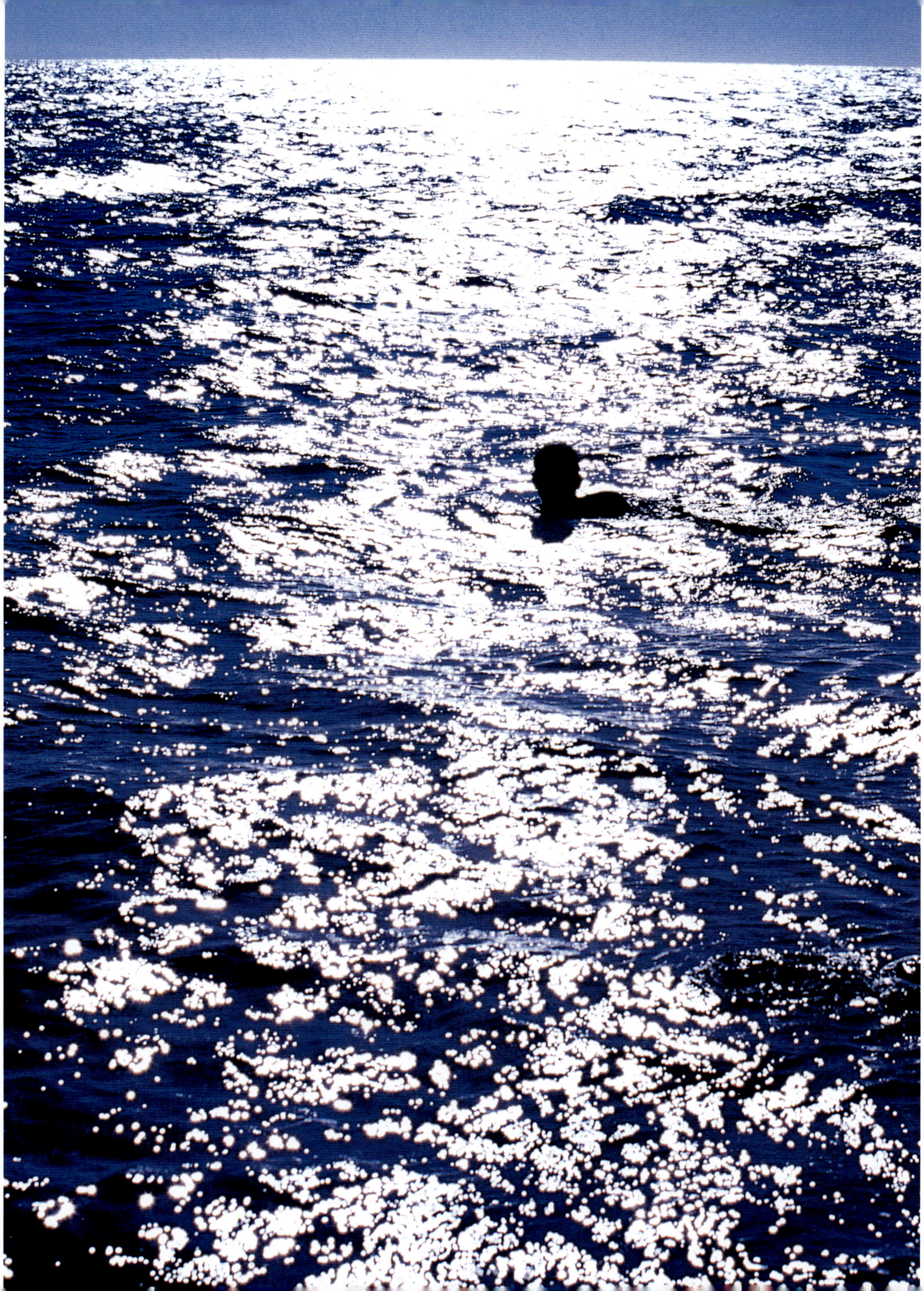

Das Wesen des Meeres

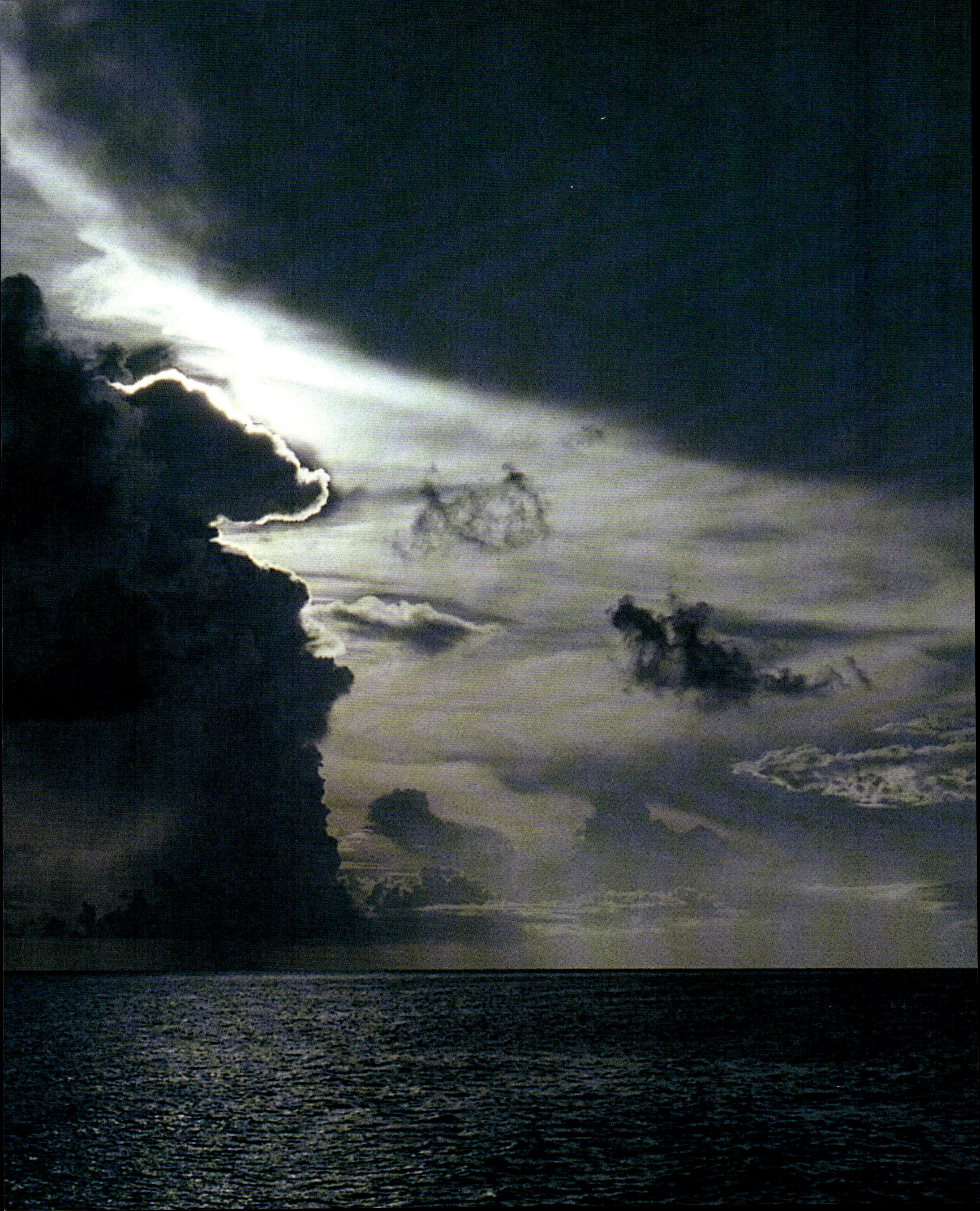

Schwimmen wie ein Fisch im Wasser ist ein alter Menschheitstraum. Dahingleiten, schweben, ohne an die Schwerkraft gebunden zu sein – darin gleicht es dem Fliegen, und doch ist es ganz anders: Denn der Mensch verschmilzt mit dem nassen Element und kann formlos immer neue Formationen bilden.

Des Menschen Seele gleicht dem Wasser

Goethe

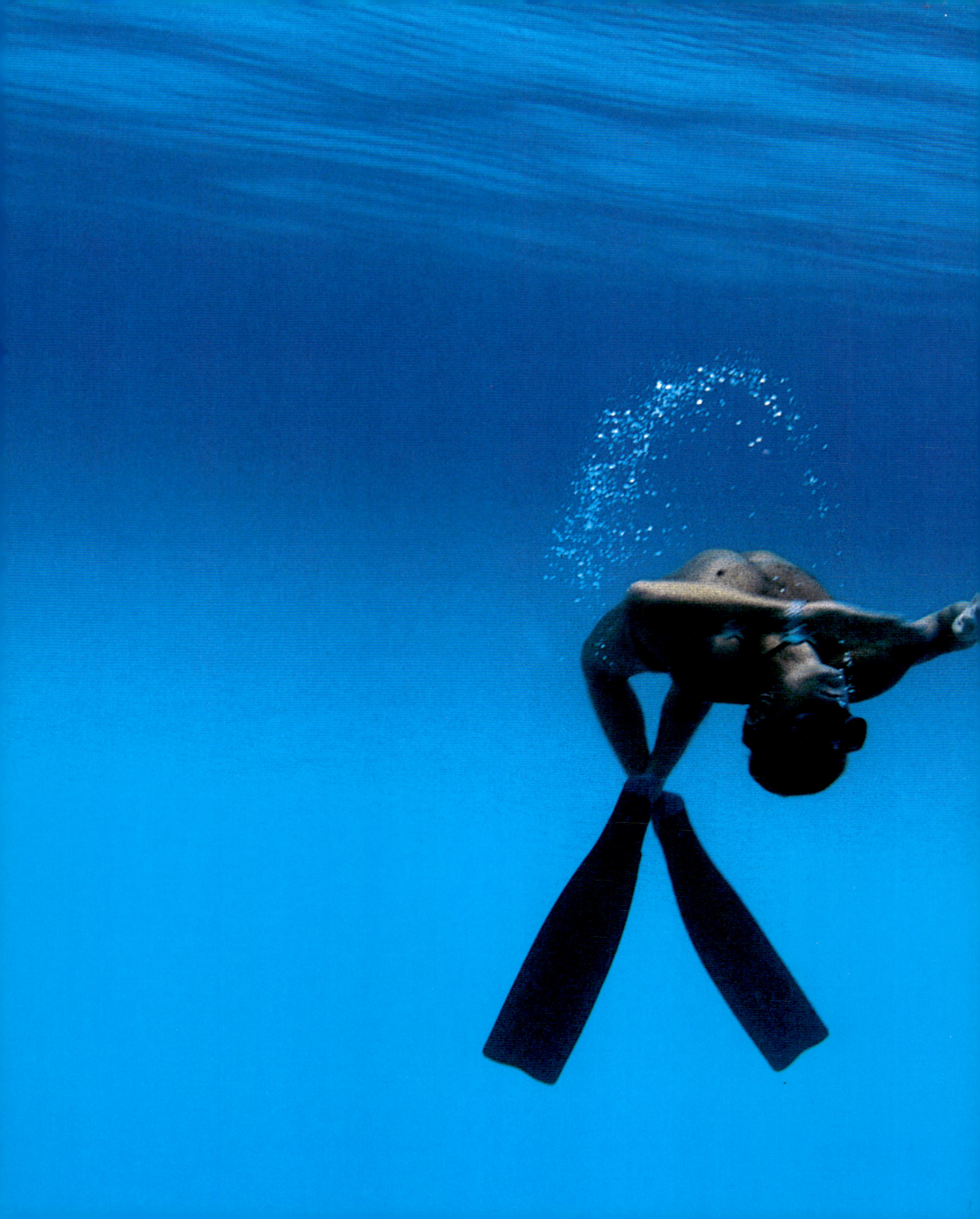

Umberto Pelizzari wird beim Tauchen eins mit dem Wasser. Seine Philosophie lautet: »Du kannst nur ein Freediver werden, wenn du dich den Gesetzen des Meeres völlig hingibst. Du musst zu Wasser werden. Du musst vergessen, dass du ein Mensch bist.«

48

Mit Umberto betrat ein ganz anderer Typ die Weltbühne der Freediver. »Es ist eine Begegnung mit mir selbst. Taucher mit Tauchgeräten gehen runter, um die Unterwasserwelt zu entdecken. Ich gehe runter, um mich selbst zu entdecken. Es ist Magie – eine Sucht, der man erliegt.«

Die Weisen erfreuen sich am Wasser

Konfuzius

Die Unterwasserwelt ist voller Wunder. Doch nicht nur die überwältigende Schönheit hat die Menschen von jeher angezogen – auch das Geheimnisvolle, das Unergründliche besitzt eine Faszination, der sich viele nicht entziehen können.

51

52

Der Delphinflüsterer

Umberto hat sich die Bewegungen der Delphine zu Eigen gemacht. In dem bezaubernden Unterwasserballett wird er einer von ihnen. Es ist ein Spiel mit der Farbe Blau und mit dem Licht, das durch die Wasseroberfläche scheint. Ein Tanz von vollendeter Harmonie und Eleganz entsteht.

54

»Wenn du das Meer verstehen willst, musst du Delphine verstehen. Sie sind wie wir – sie kehren an die Wasseroberfläche zurück, um zu atmen. Kein Meereswesen ist so elegant wie der Delphin. Ich versuche, mir ihre Harmonie anzueignen.«

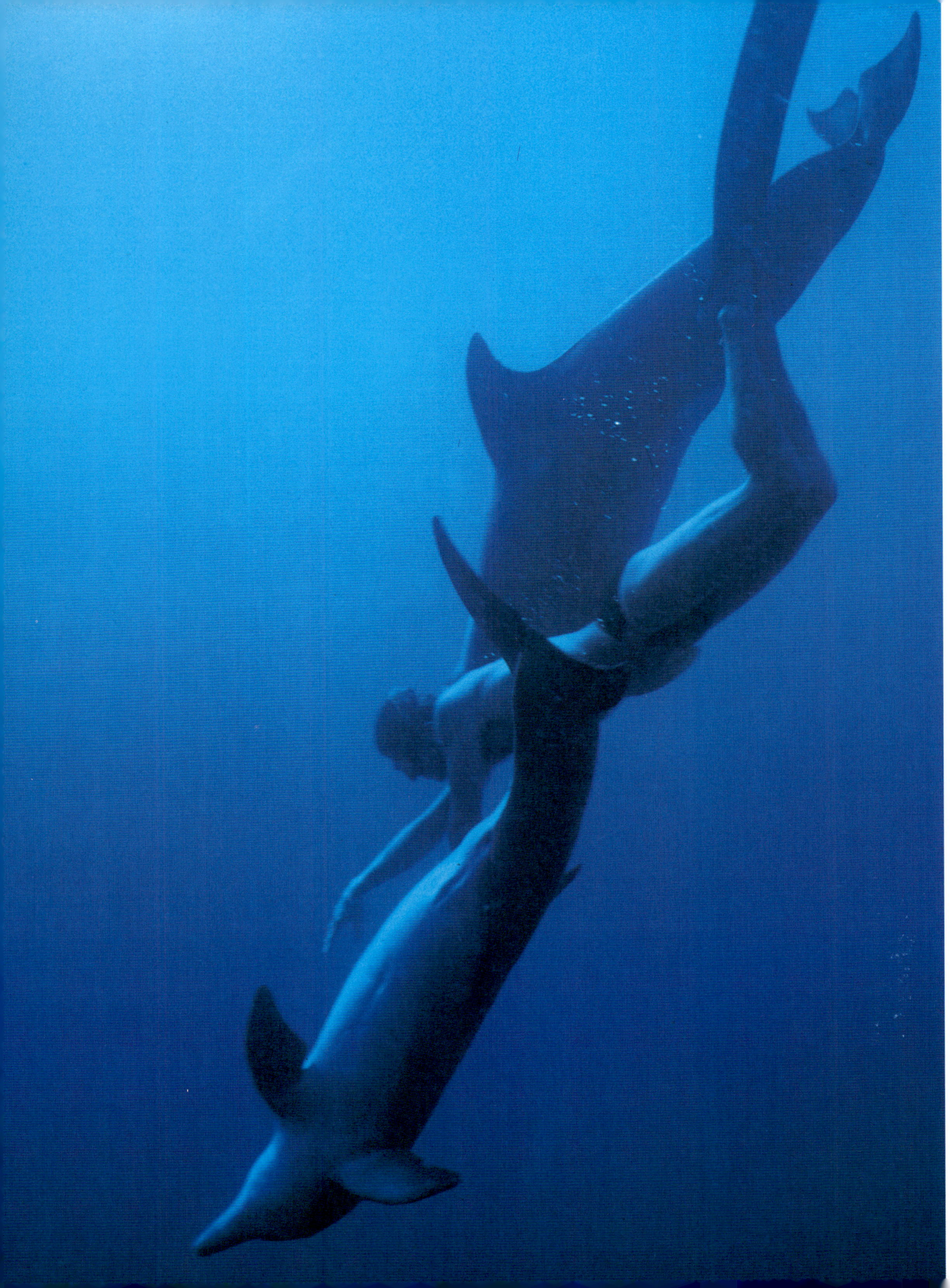

Das freie Meer befreit den Geist

Goethe, Faust II

Das Prinzip aller Dinge ist das Wasser. Aus Wasser ist alles, und ins Wasser kehrt alles zurück.
Thales von Milet

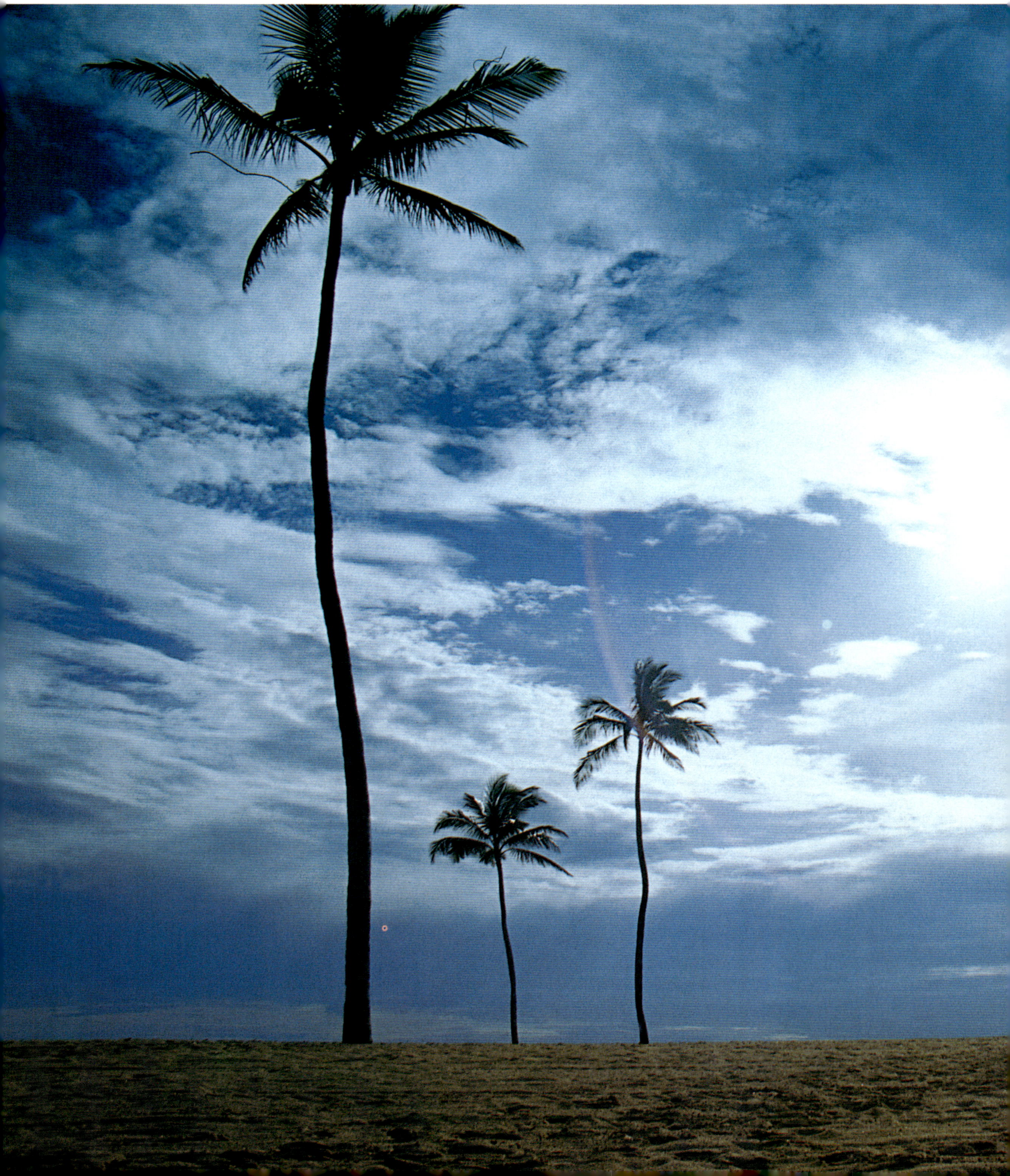

Das Meer ist keine Landschaft,
es ist das Erlebnis der Ewigkeit,
des Nichts und des Todes,
ein metaphysischer Traum.
Thomas Mann

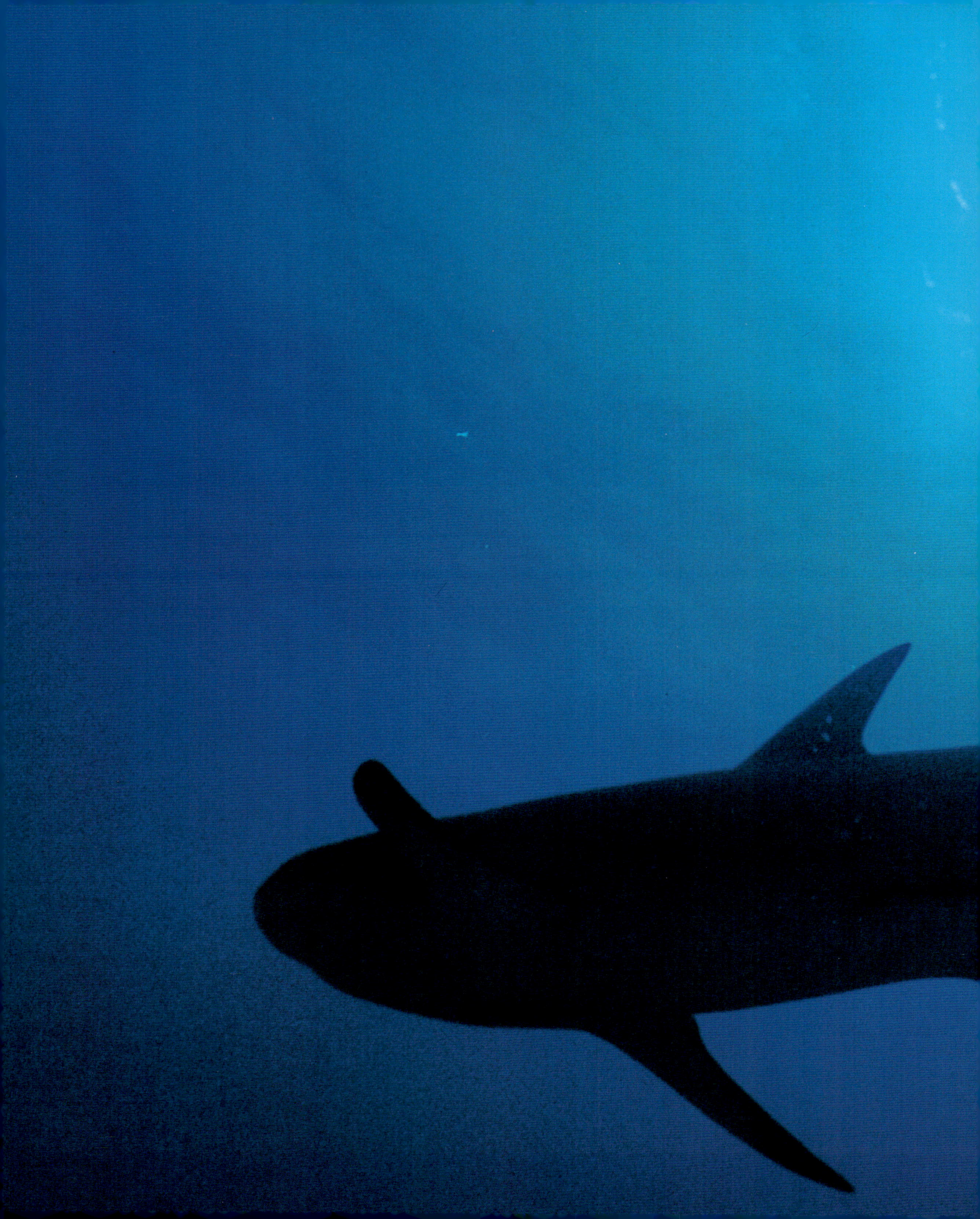

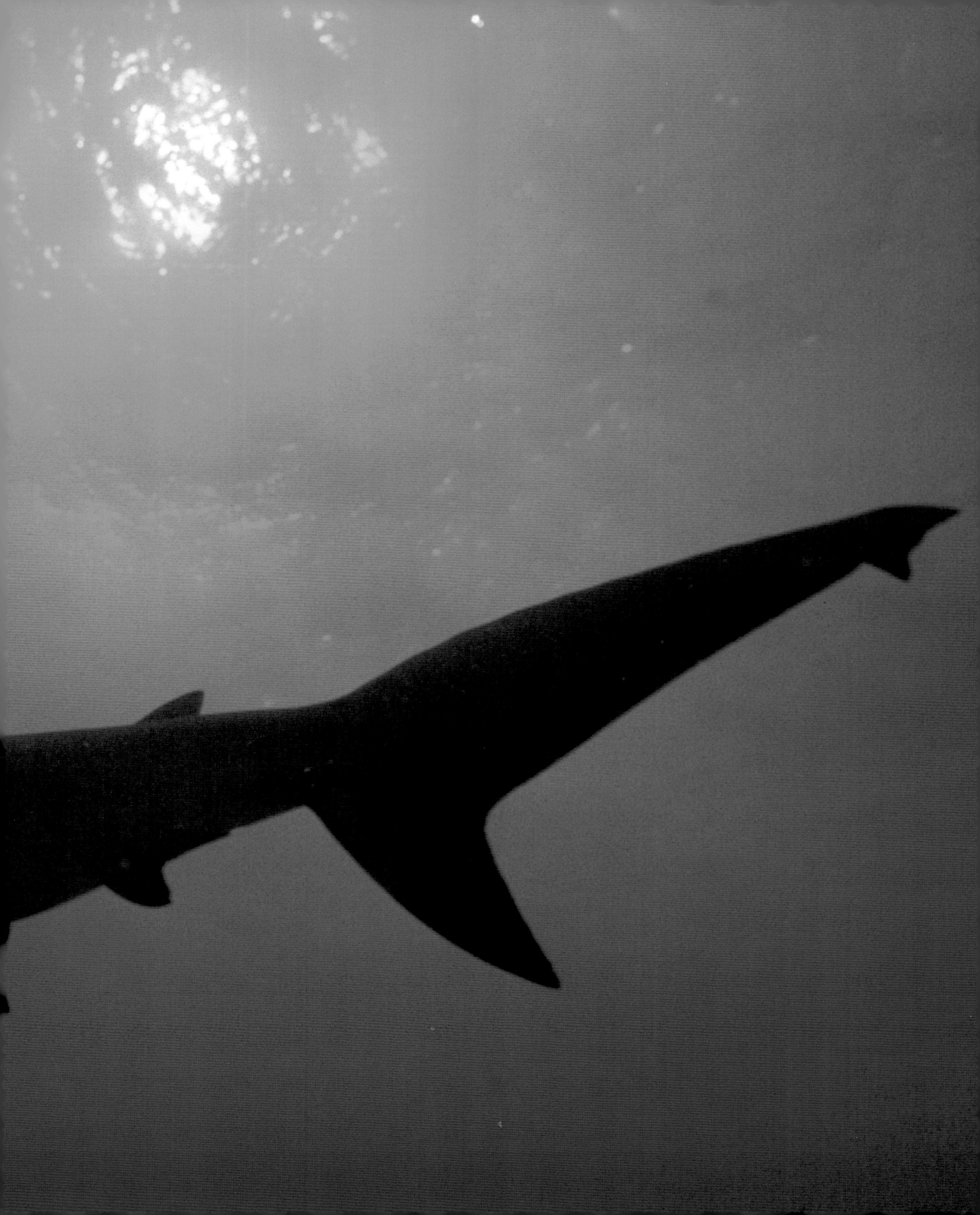

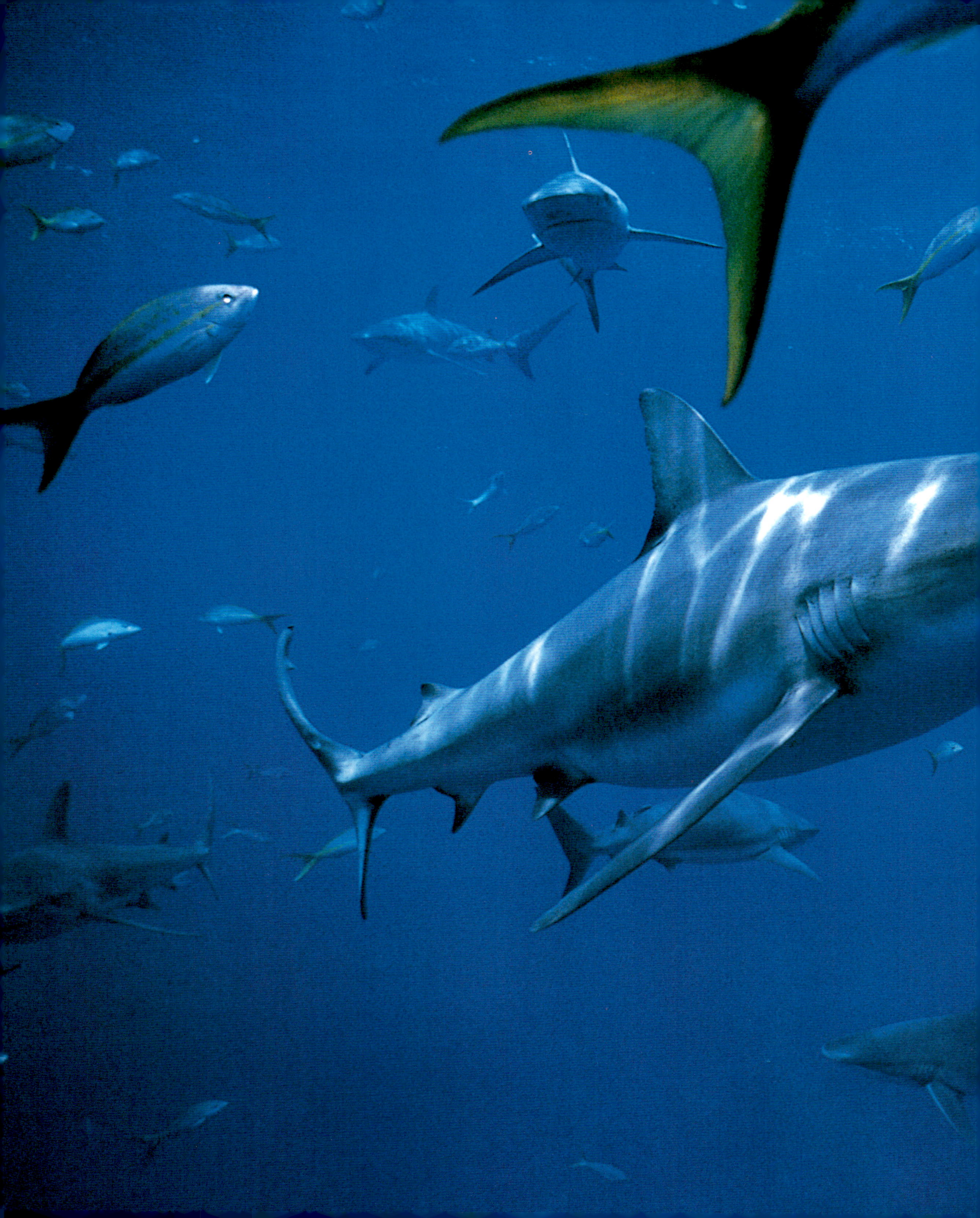

Eines der klassischen Symbole für die Gefahren des Meeres ist der Hai. Die Geschichten von Mordlust und Zerstörungswut, die man von ihm erzählt, sind Grauen erregend. Doch die meisten Haie werden dem Menschen nicht so schnell gefährlich – solange er sie nicht provoziert.

Die Gegensätzlichkeit der beiden Kontrahenten Umberto und Pipin könnte keinen bildhafteren Ausdruck finden als in ihrer unterschiedlichen Vorliebe: Was für Umberto die Delphine, das sind für Pipin die Haie. Furchtlos begibt er sich zu ihnen hinab. Nicht sie sind es, die zu ihm schwimmen, denn sie suchen nicht wie die Delphine den Kontakt und die körperliche Nähe des Menschen. Er taucht zu ihnen und wird Teil ihrer natürlichen Umgebung. So unerschrocken, wie Pipin sich in das Reich der Raubfische wagt, lässt er sich auch bei seinen Rekorden mit dem Schlitten in die Tiefe reißen. Er hat die Stärke eines Hais.

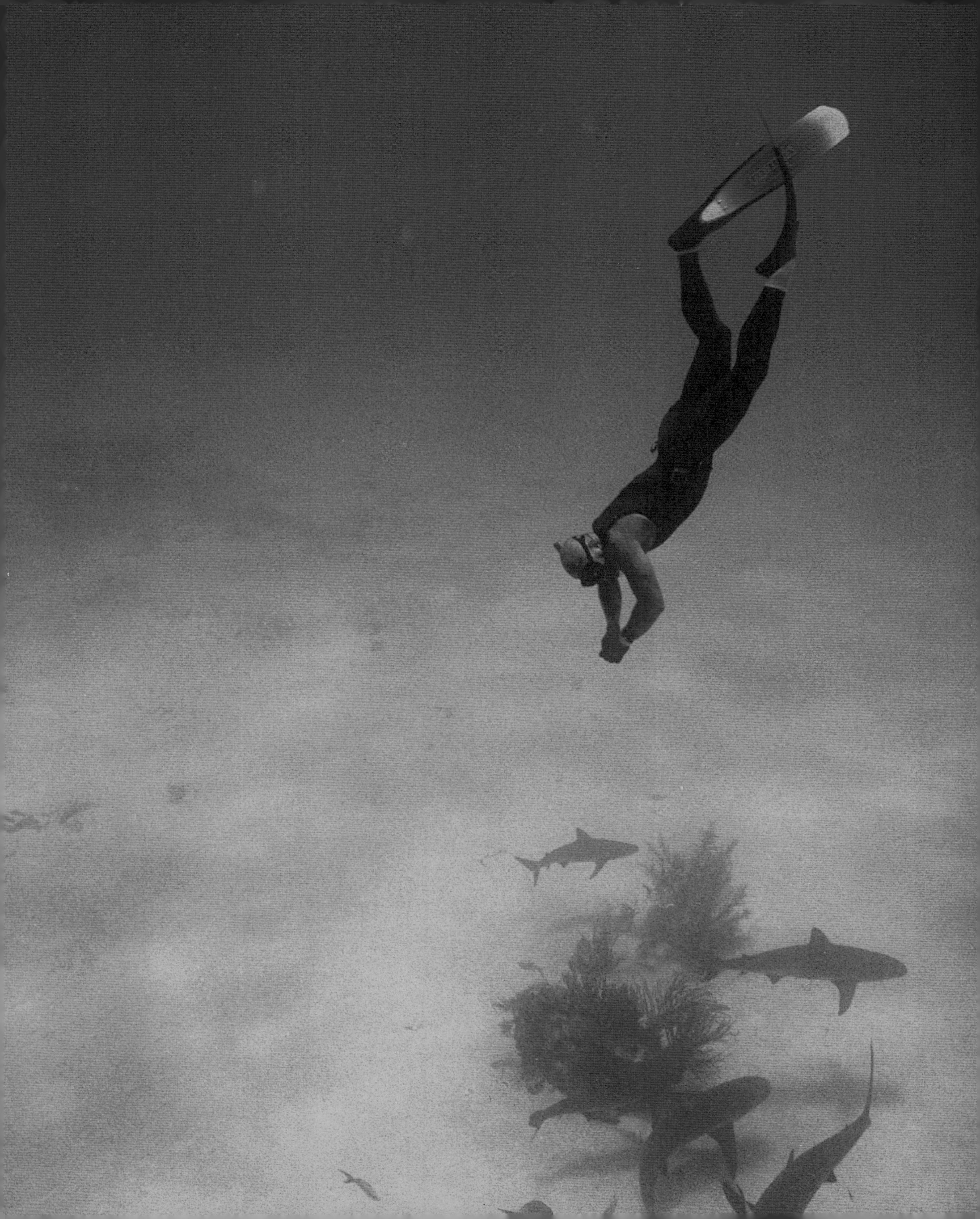

»Wenn ich mit Haien tauche, werde ich zu einem von ihnen. Für mich sind sie keine Ungeheuer, sondern Gefährten. Ich liebe ihre Kraft und Macht. Sie geben mir die Energie für meine Rekorde.«

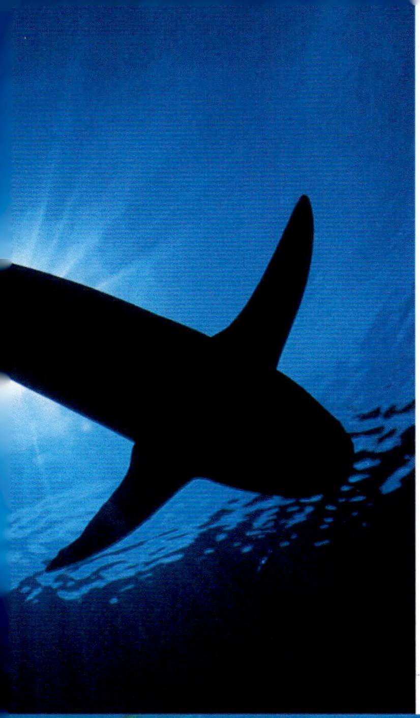

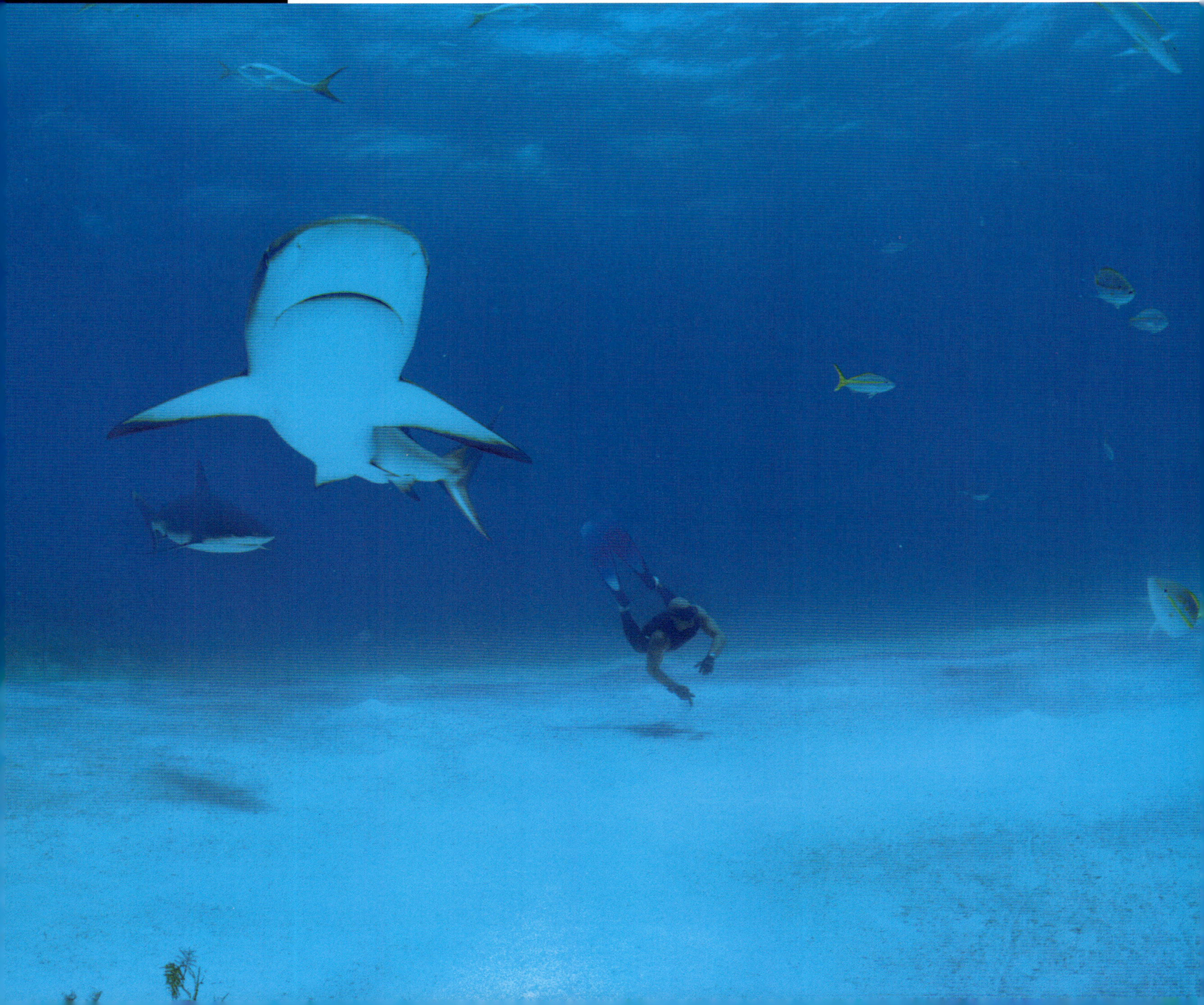

Pipin vollführt mit Audrey einen Tanz unter Wasser. Sie erzählt: »Anfangs bin ich mit Tauchgeräten getaucht, doch als ich Pipin traf, begann ich mit dem Freediving, um ihn besser zu verstehen und um ihm näher zu sein, wenn er taucht. Wir haben uns im Meer gefunden. Mehr als jeder andere Ort ist es unser Zuhause.«

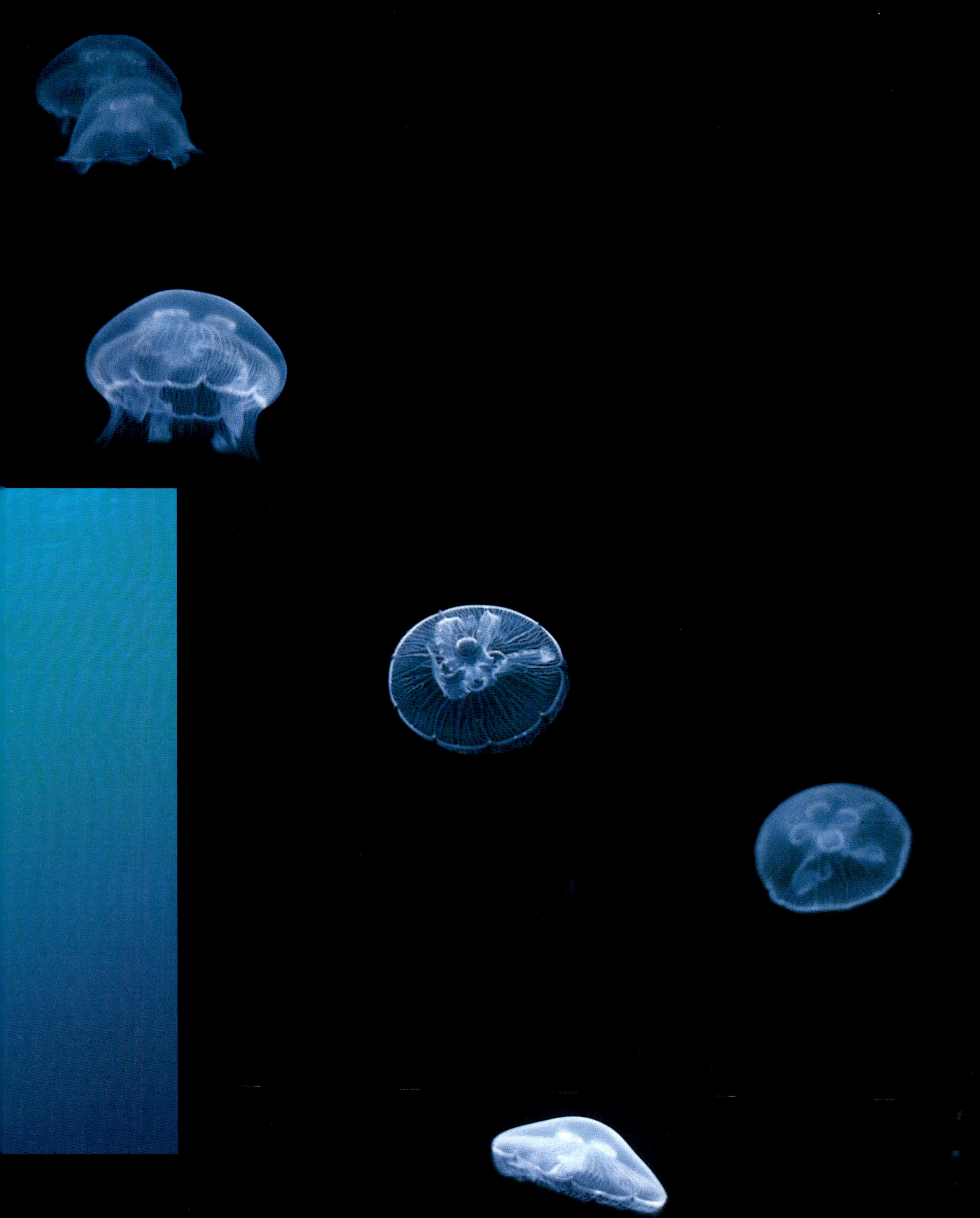

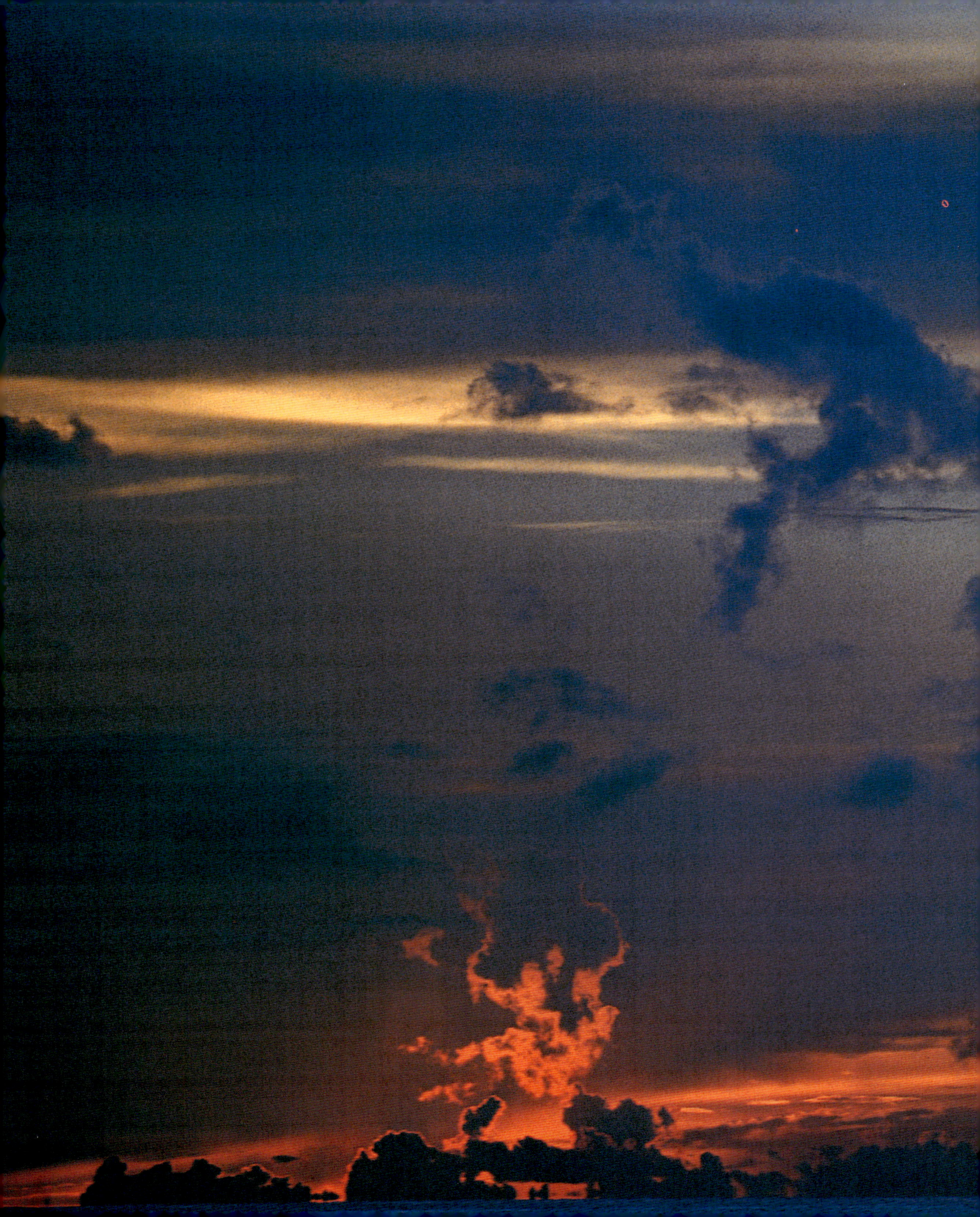

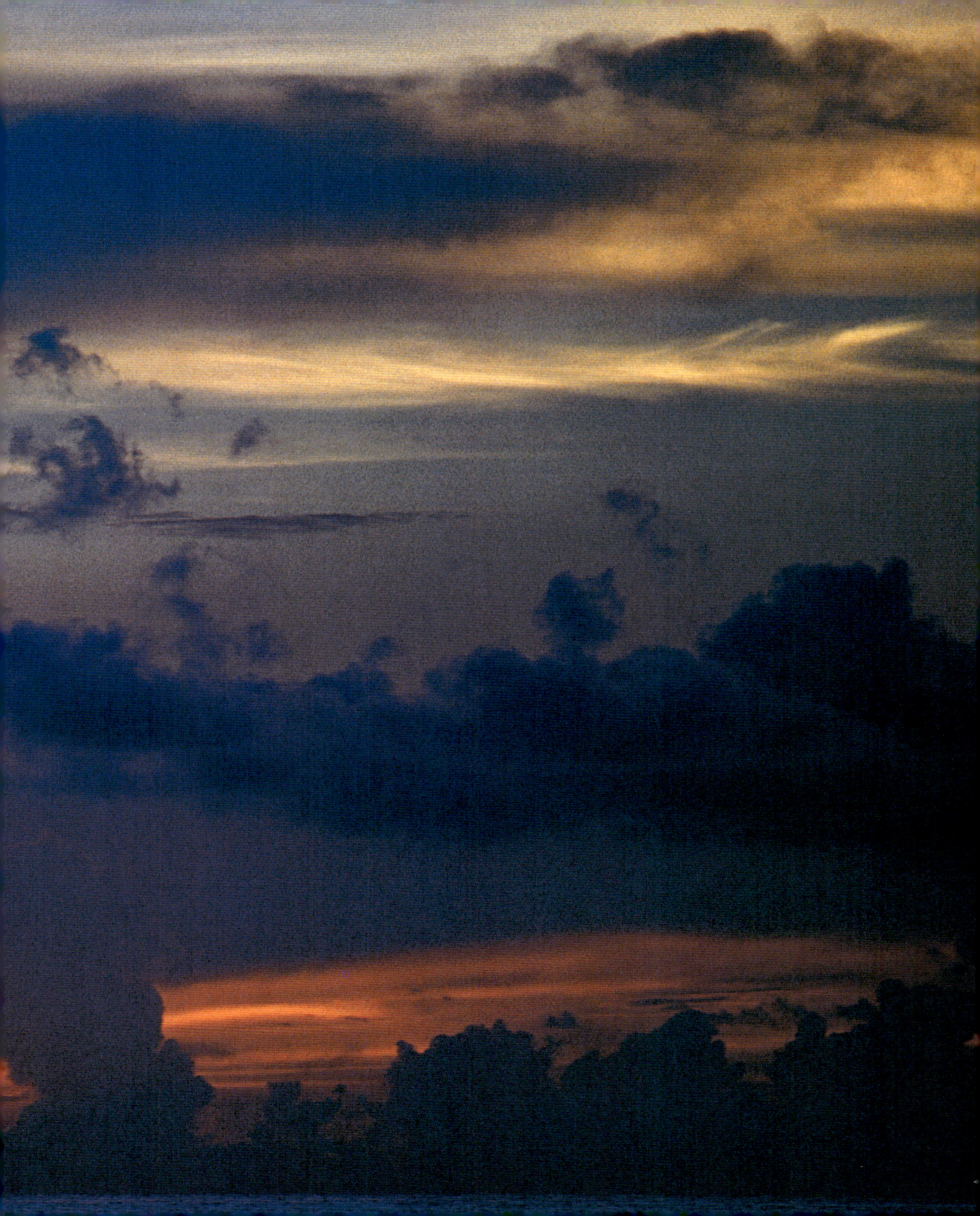

Der Italiener Umberto Pelizzari, Jahrgang 1965, unterzieht sich einem harten und intensiven Training. Er will beständig seine Technik verbessern. Sein physisches Training umfasst Joggen am Strand von Sardinien, Schwimmen, Bodybuilding mit leichten Gewichten. Doch weit größere Bedeutung misst er dem mentalen Training bei: Entspannungstechniken, dem autogenen Training und vor allem Pranayama, der Atemlehre des Yoga.

Umberto Pelizzari:
Eins werden mit dem Ozean

Für Umberto ist die Voraussetzung für jeden Tauchgang eine vollkommen entspannte Haltung. Er erreicht sie mit konsequentem Üben. Durch Entspannungstechniken wird die Herzfrequenz verlangsamt, die Verlängerung der Ausatmungsphase setzt den Atemrhythmus herab – wichtige Voraussetzungen für das Atemanhalten beim Abtauchen.

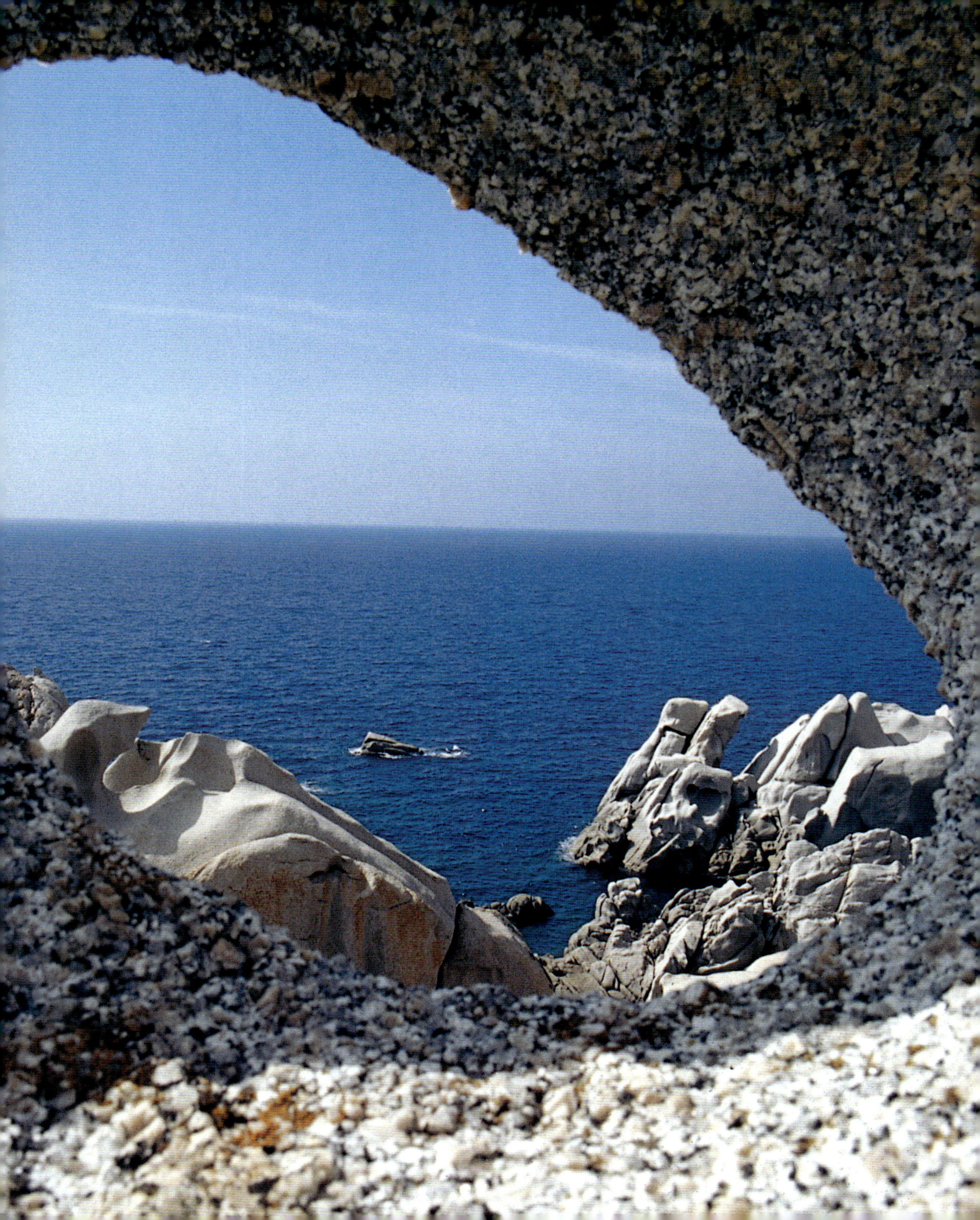

Umberto, der Purist und Perfektionist, reist in die chinesische Provinz Henan, um in dem berühmten Shaolin-Kloster Zhengzhou seine Atemtechnik zu vervollkommnen. Hierher, so will es die Legende, kam schon im 6. Jahrhundert der indische Mönch Bodhidharma und lehrte Meditation, Atem- und Körperübungen.

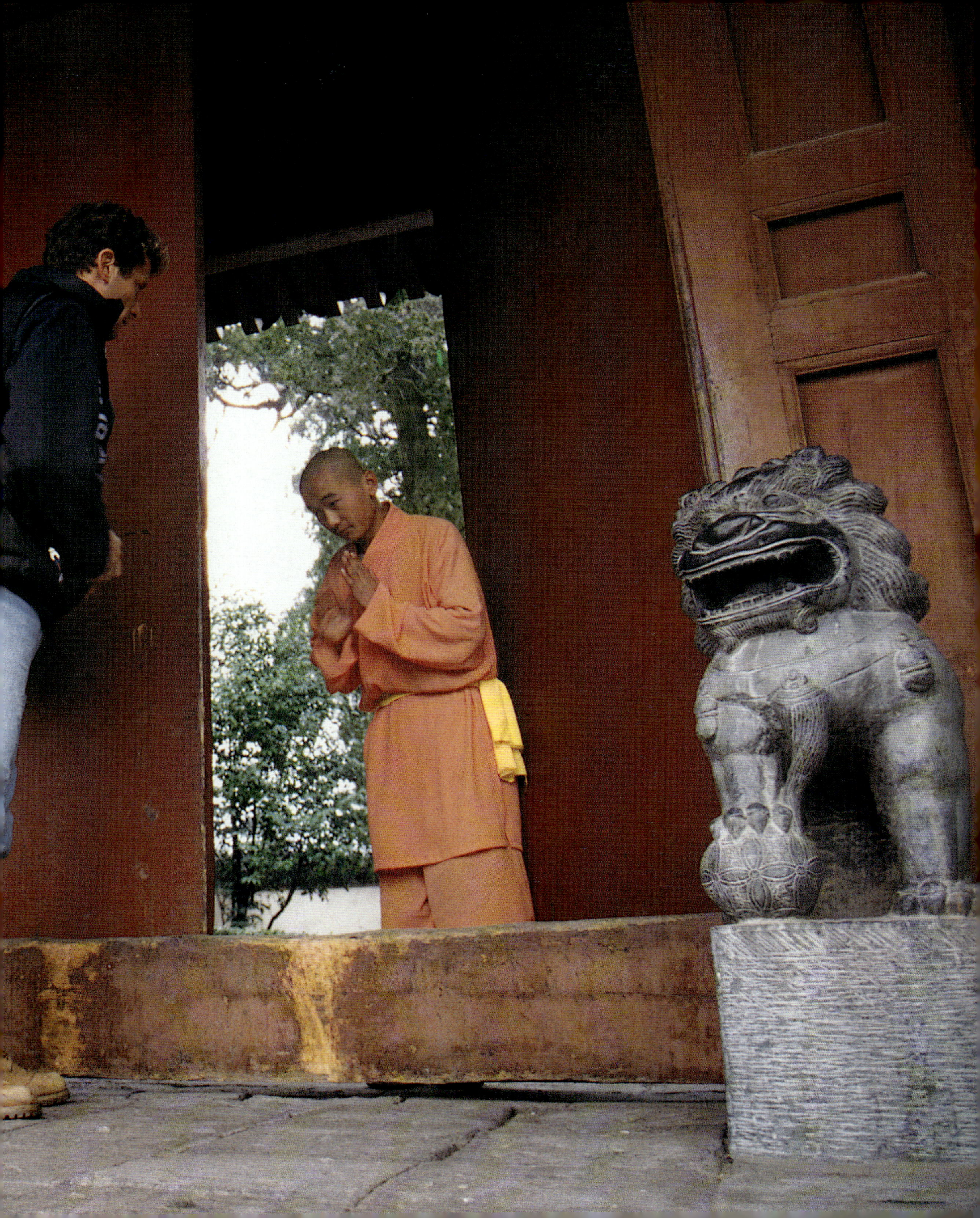

Umberto hat seinen Meister gefunden. Bei dieser Pranayama-Übung atmet er nach der Entspannungsphase intensiv aus und zieht dann den Bauch nach innen und nach oben. Schließlich drückt er den mittleren Bauchmuskel heraus – das alles ohne einzuatmen, was eine hohe Atembeherrschung erfordert.

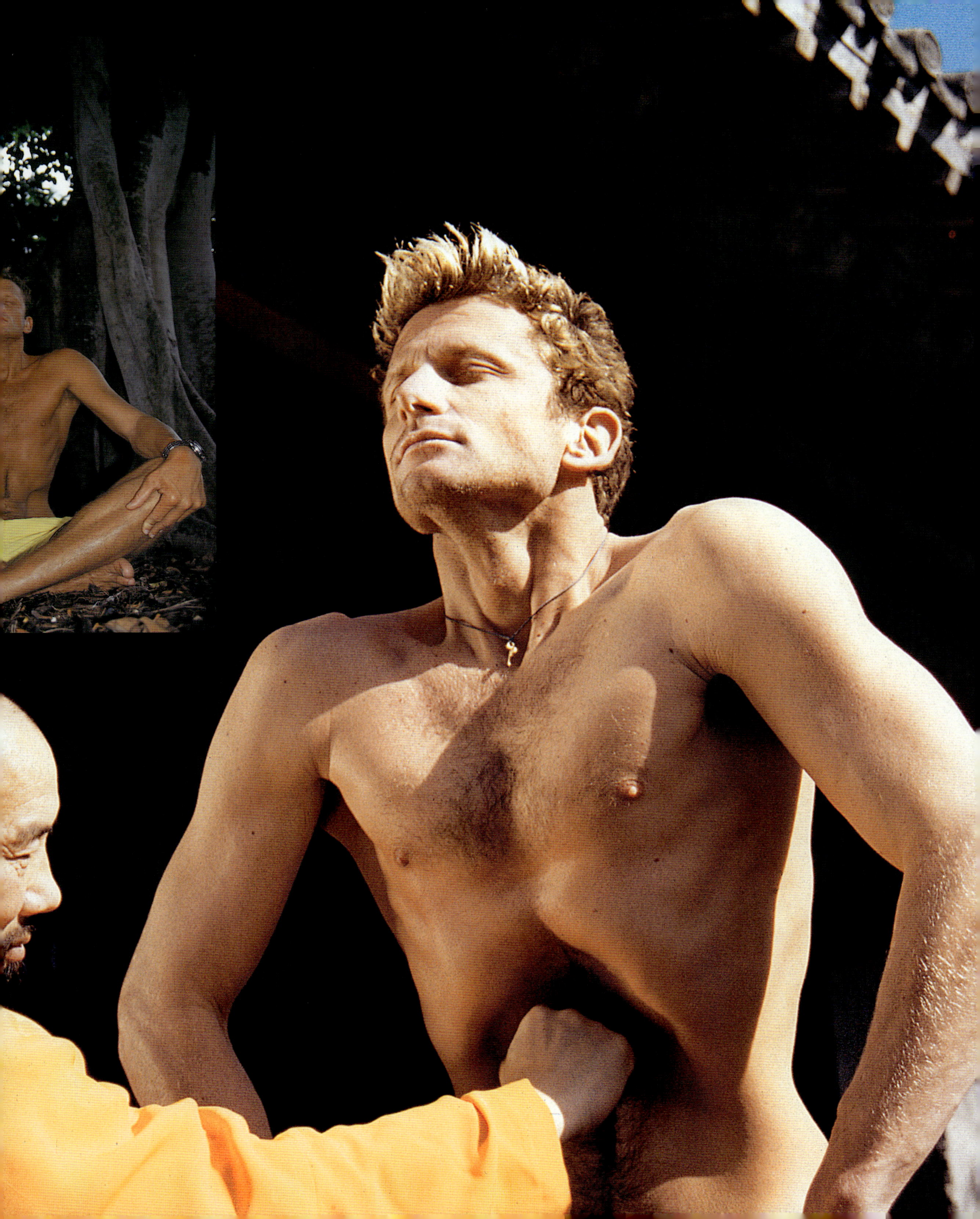

Auf der ganzen Welt sind Shaolin-Mönche für ihre außergewöhnlichen Leistungen bekannt. Zu diesen gelangen sie durch eine übernatürlich anmutende Körperbeherrschung: Sie kombinieren Muskelkraft mit Willenskraft und Konzentrationsfähigkeit.

Der Atem ist das Tor zur Seele

Die Mönche müssen ihren Körper härtesten Belastungen aussetzen. Für die Kampftechniken des Kung-Fu ahmen sie die Bewegungen von Tieren nach: Auf dem Bild rechts ist es der Adler.

Auf diese Weise eignen sich die Mönche die besten Eigenschaften der Tiere an.

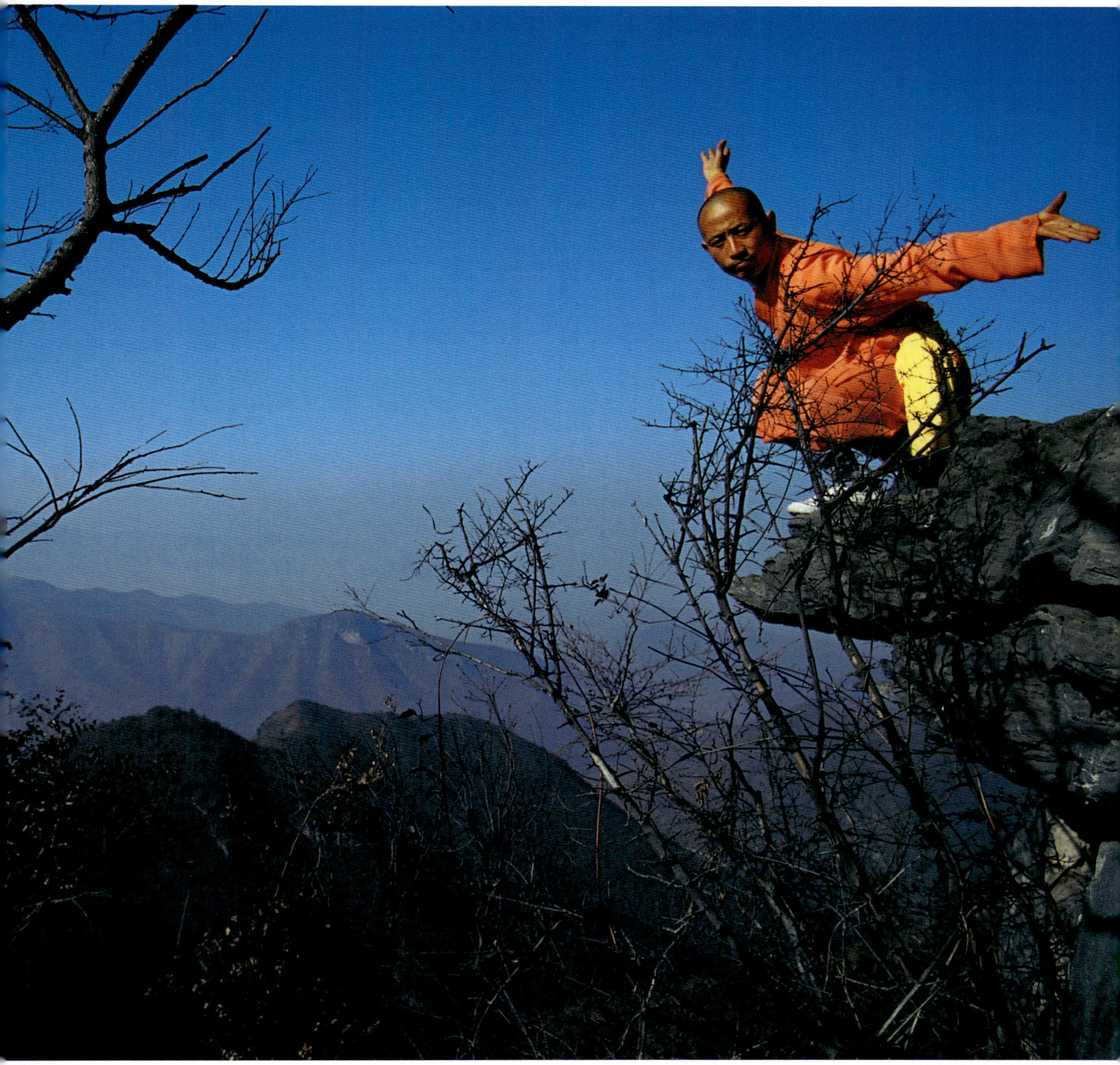

84

Die Disziplinen, in denen sich die Shaolin-Mönche üben, dienen der Entwicklung von Körper und Geist. Das – nicht Aggression – ist das Ziel der Extremleistungen, die sie vollbringen. Grundlage aller Übungen ist die Lenkung jener Kraft, die Chi genannt wird, der Lebensenergie schlechthin, durch Pranayama.

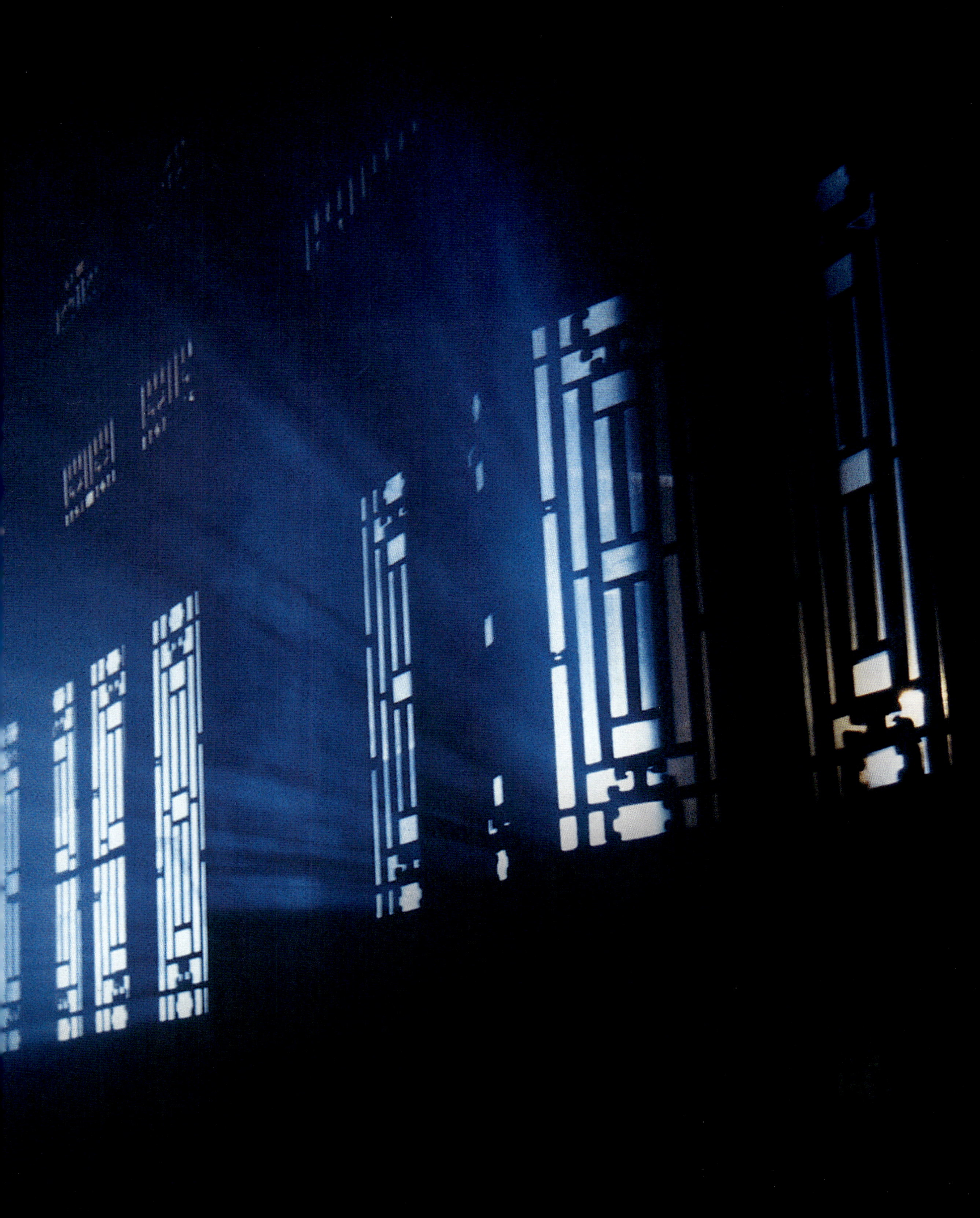

86

Chi – die Lebensenergie

Umberto ist von den Erfahrungen im Shaolin-Kloster tief beeindruckt. »Das ist wirklich einmalig. Ich bin vollkommen fasziniert. Apnoe heißt Atemstillstand. Das Pranayama-Yoga lehrt mich, mich völlig zu konzentrieren und meine Atmung zu steuern. So schaffe ich es, noch mehr Sauerstoff in meinem Körper zu speichern. Mit dieser Technik des Pranayama werde ich in noch weitere Tiefen vordringen können. Das ist fast so, als ob ich im Wasser atmen könnte!«

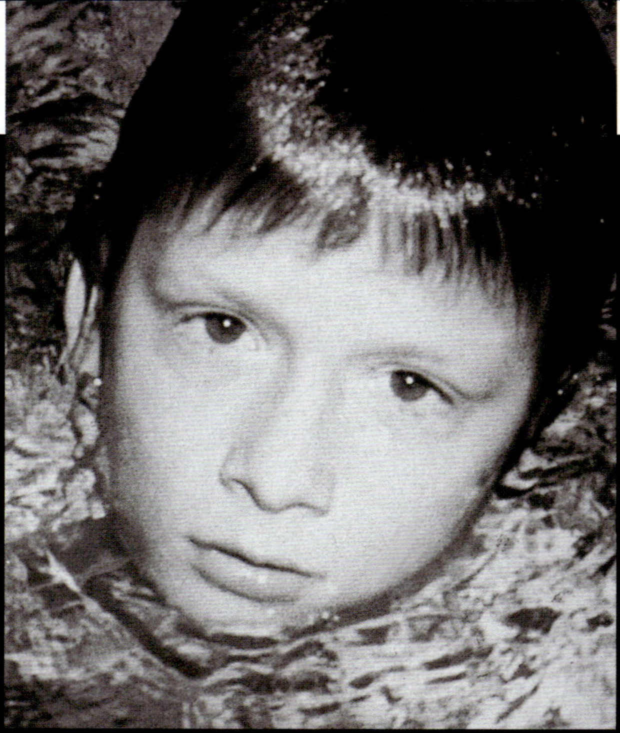

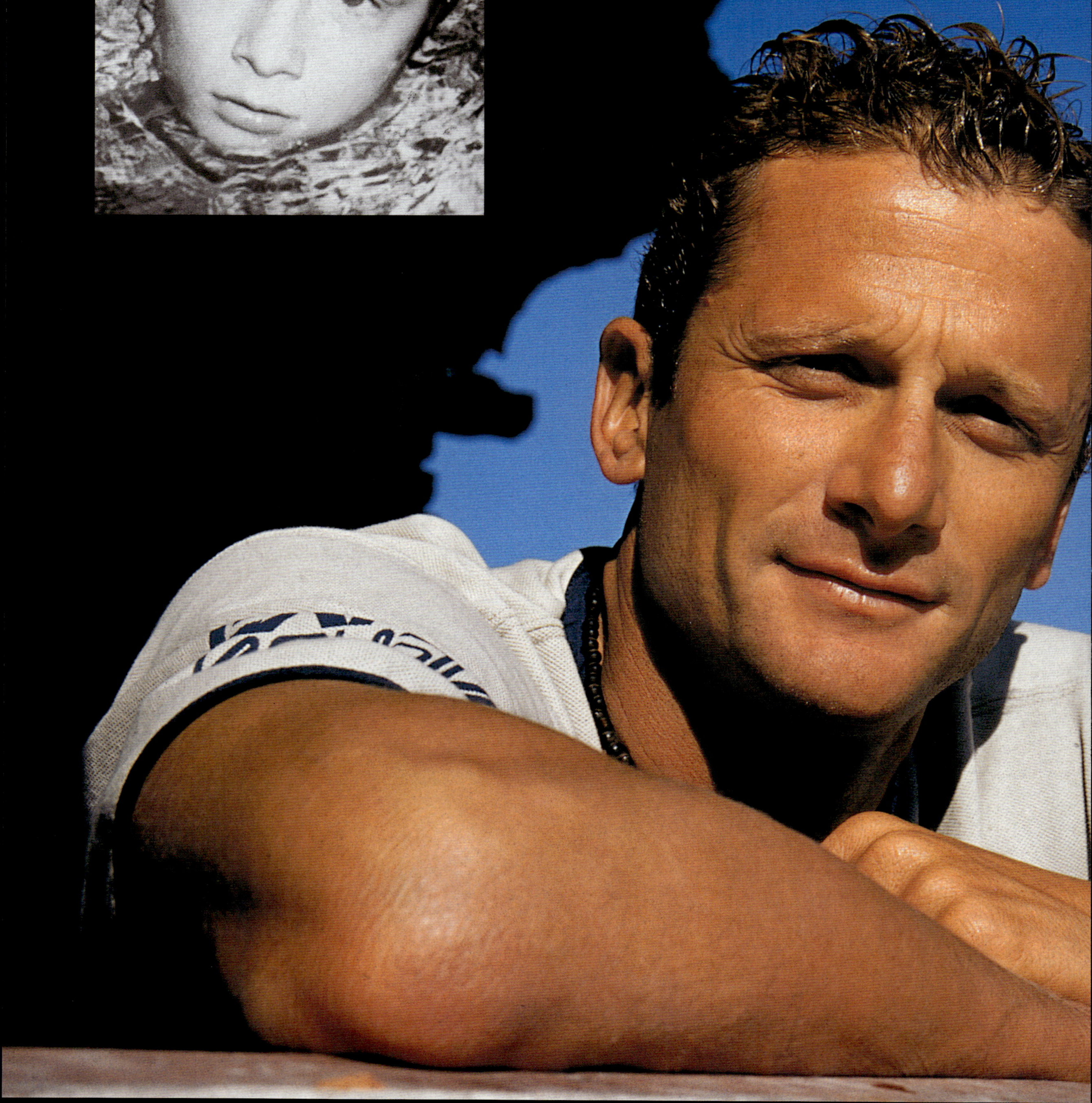

Als Umberto Pelizzari ein Kind war, konnte kaum jemand ahnen, dass er einmal zur Weltelite der Freediver gehören würde: Er hatte eine Scheu vor dem Wasser und wollte sich noch nicht einmal waschen lassen. Seine Eltern schickten ihn in eine Schwimmschule – und nach anfänglichen Protesten schlug die Abneigung ins Gegenteil um. Nun war es umso schwieriger, ihn wieder aus dem Wasser herauszubekommen.

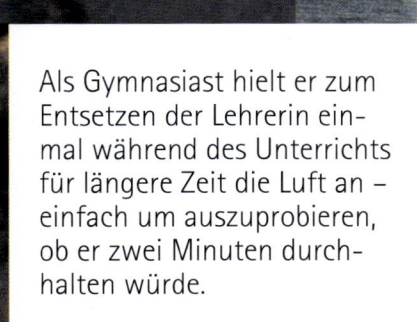

Als Gymnasiast hielt er zum Entsetzen der Lehrerin einmal während des Unterrichts für längere Zeit die Luft an – einfach um auszuprobieren, ob er zwei Minuten durchhalten würde.

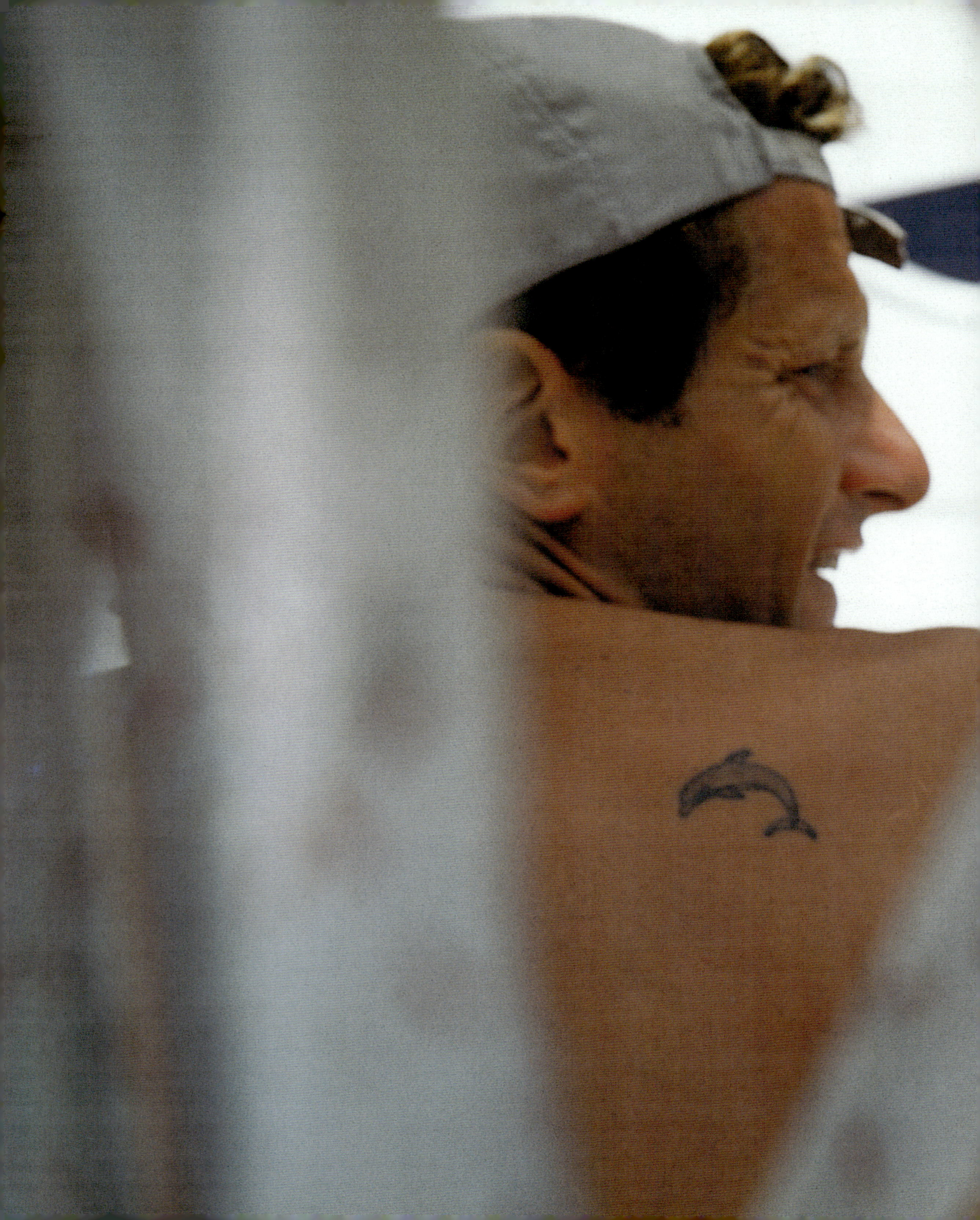

Umberto – hier mit seinen Eltern und seiner Schwester – lebt im norditalienischen Busto Arsizio und auf Sardinien. Dort führt er eine eigene Tauchschule. Während seines Militärdienstes auf Elba entschloss er sich, sein geliebtes Freediving zum Beruf zu machen. Am 10. November 1990 tauchte er sensationelle 65 Meter tief und beanspruchte damit erstmals einen Platz in der Riege der weltbesten Apnoetaucher. Der Wettstreit zwischen Umberto und Pipin war geboren.

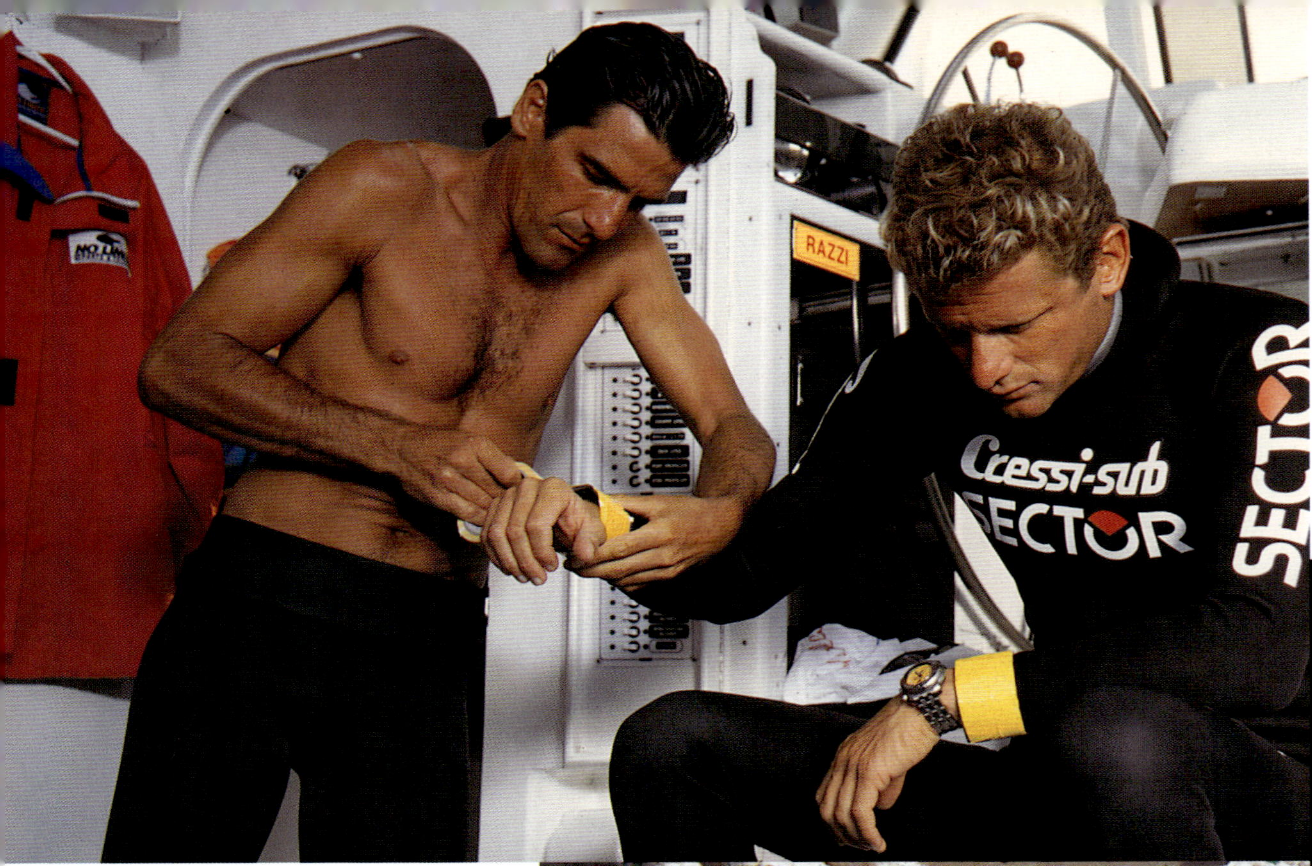
RAZZI
Cressi-sub
SECTOR
SECTOR

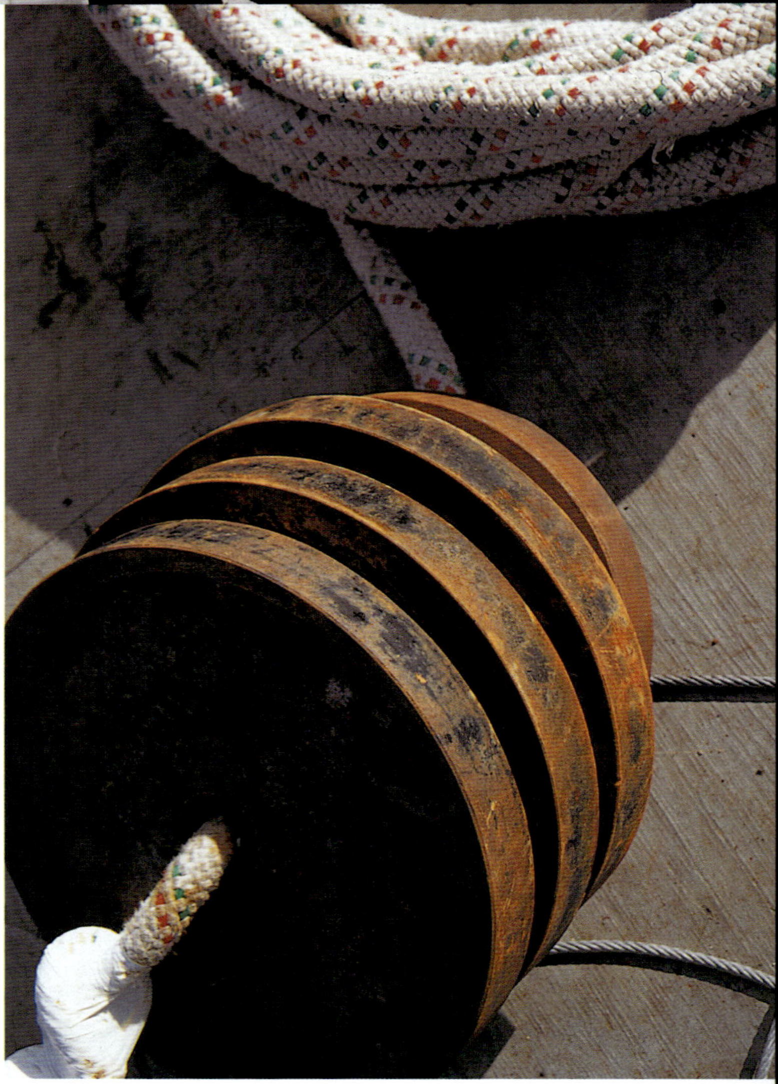

Umberto wird wieder in der Kategorie Konstantes Gewicht tauchen. Hilfsmittel wie einen Schlitten gibt es nicht, und gerade das ist es, was ihn dafür einnimmt. Von dem, was um ihn geschieht, nimmt er nichts wahr – in Gedanken ist er bereits im Meer.

Er lässt sich von seinem kolumbianischen Freund Jorge, einem seiner Sicherheitstaucher, Gewichte an den Handgelenken anbringen und geht in sich. Links unten die Gewichte, die das zu seiner Orientierung aufgehängte Seil hinunterziehen werden.

94

Pranayama- und Entspannungsübungen wirken physisch und mental – Umberto lässt Angst und Verkrampfung vor dem Tauchgang gar nicht erst aufkommen. Er weiß, er kann auf seine Männer zählen. Die Kontaktlinsen, eine Spezialanfertigung mit extrem hoher Dioptrienzahl, dienen dem Druckausgleich und ermöglichen es Umberto, in der Tiefe scharf zu sehen, wo sonst alles nur verschwommen wahrgenommen werden kann.

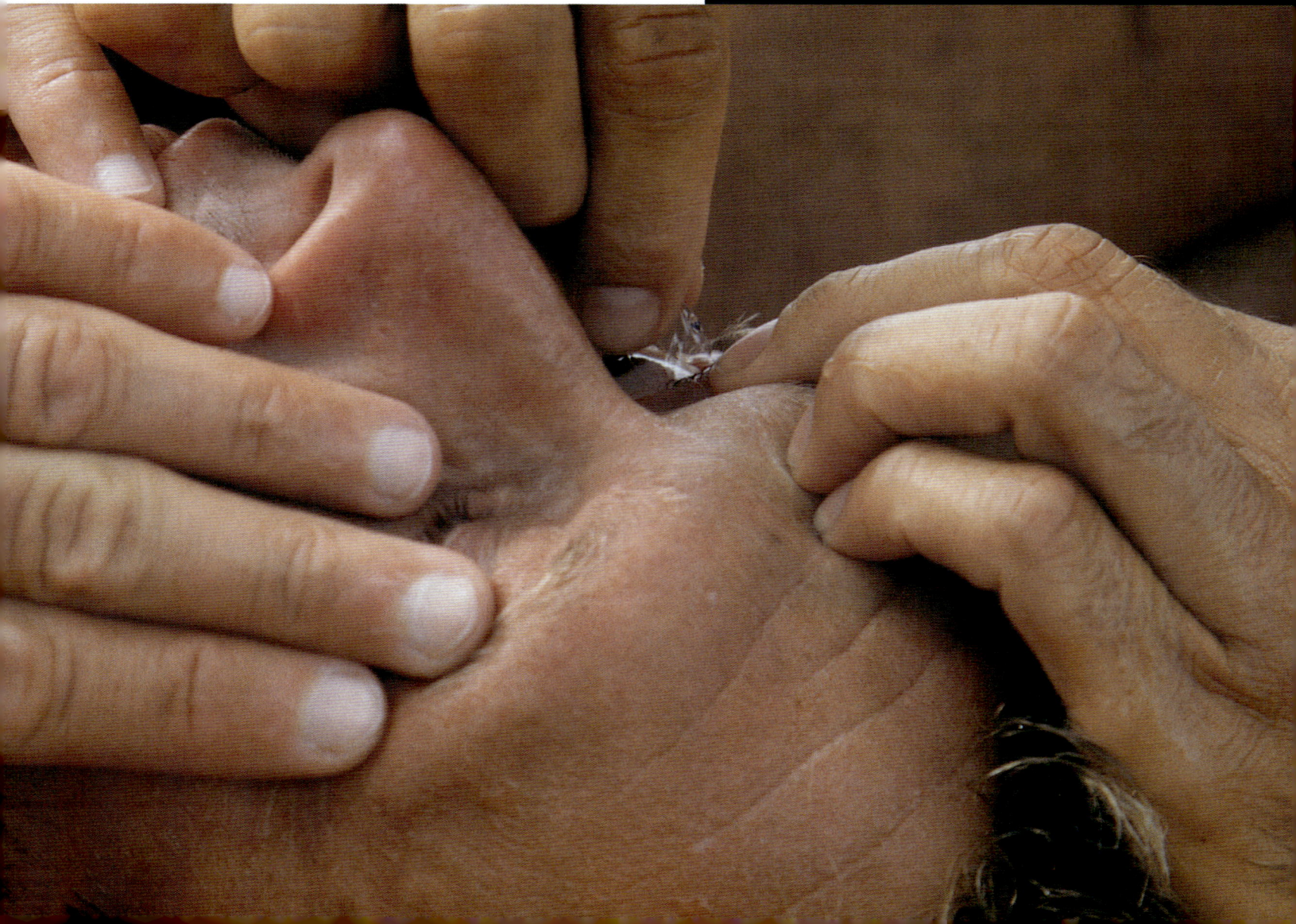

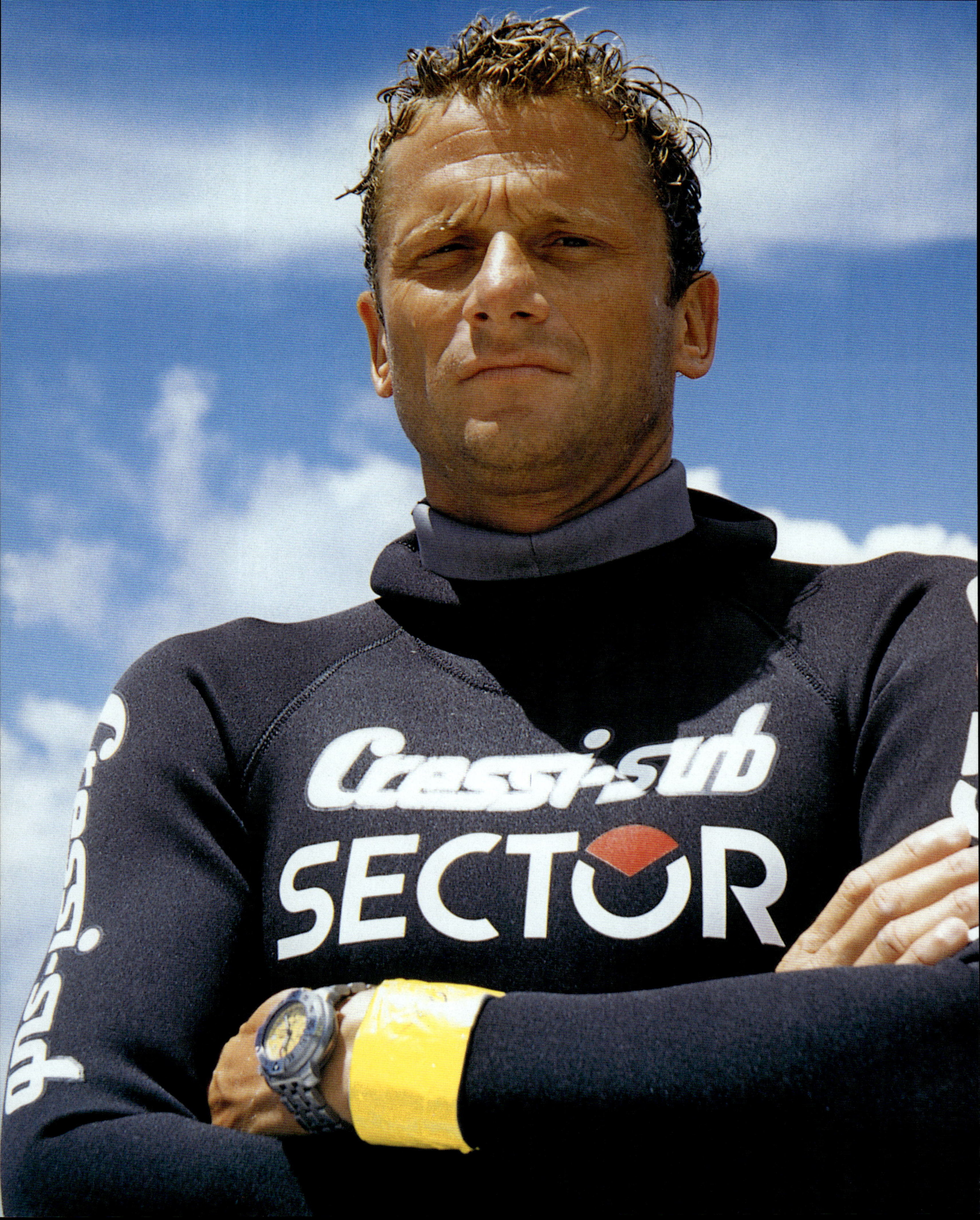
Cressi-sub
SECTOR

Umberto will vor der Küste Liguriens im Norden Italiens seinen eigenen Rekord in der Disziplin Konstantes Gewicht brechen: um 5 Meter auf 80 Meter! Aus eigener Kraft wird er in die Tiefe hinabtauchen, angetrieben nur von der Kraft der speziellen Apnoe-Flossen, und genauso wieder an die Oberfläche kommen.

Am liebsten würde ich unten bleiben

98

Umberto blickt in die Tiefe. Es ist ein Blick in die unheimliche Stille, die ihn erwartet und die ihn magisch anzieht. Dann gibt er das Zeichen: noch fünf Minuten! Jetzt müssen sich die Sicherheitstaucher in Position bringen.

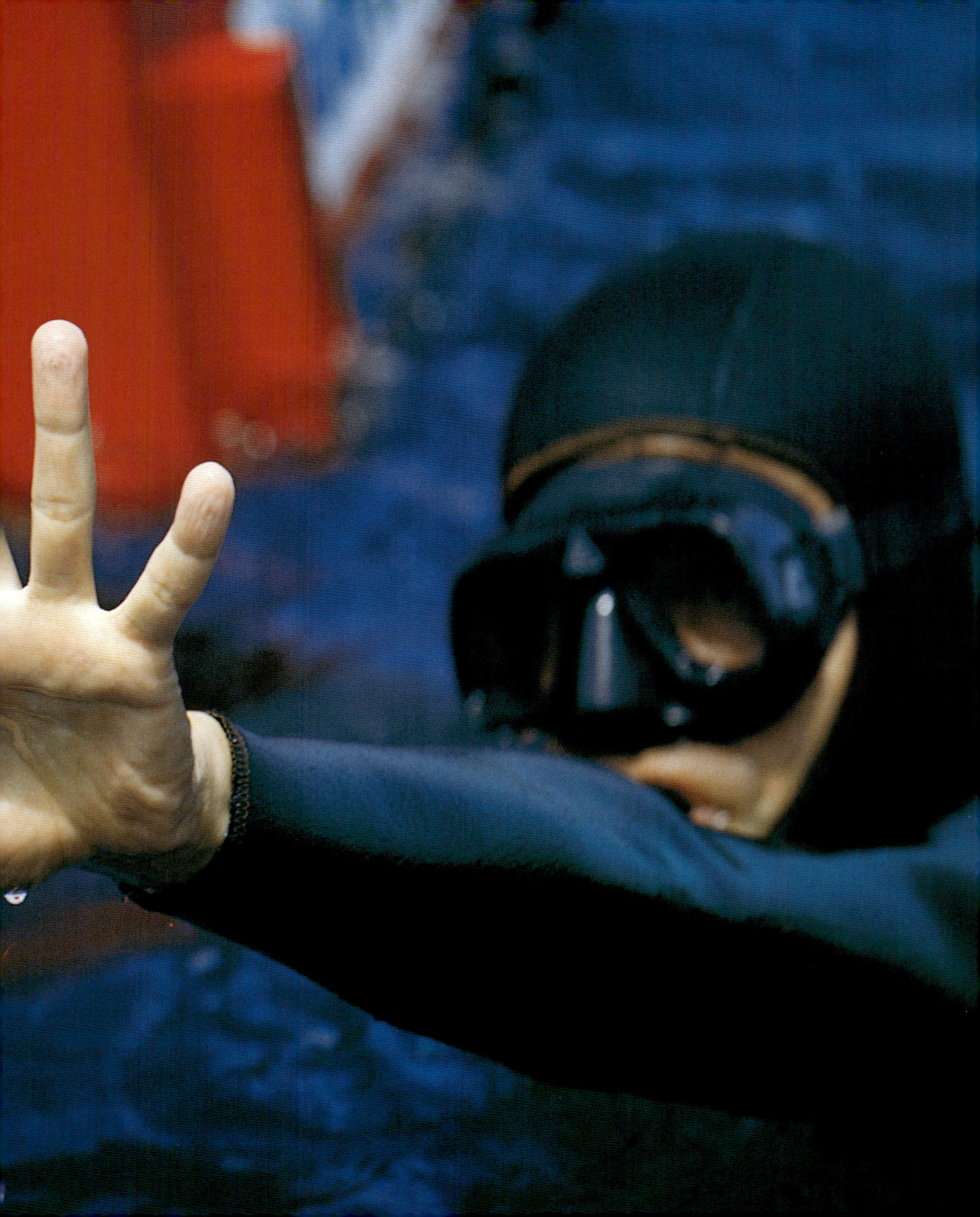

»In den letzten Minuten erlebe ich im Geist den ganzen Tauchgang, der vor mir liegt. Ich fühle, wie der Ozean meinen Körper verschluckt und wie ich unten die Marke vom Seil nehme. Wenn die Vorbereitungen fertig sind, war ich im Geist schon erfolgreich. Die letzten fünf Minuten kommen mir vor wie fünf Sekunden.«

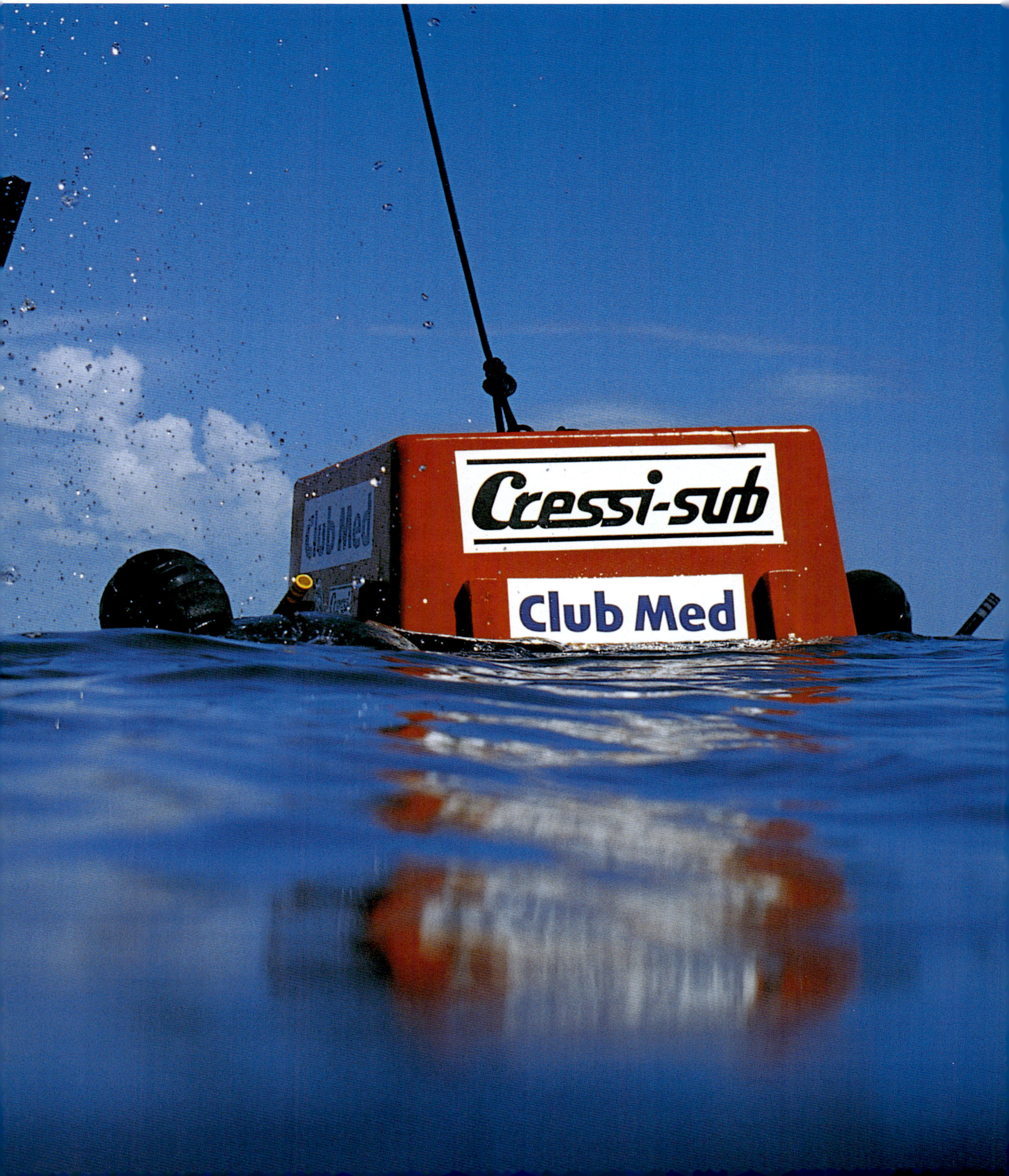
Cressi-sub
Club Med
Club Med

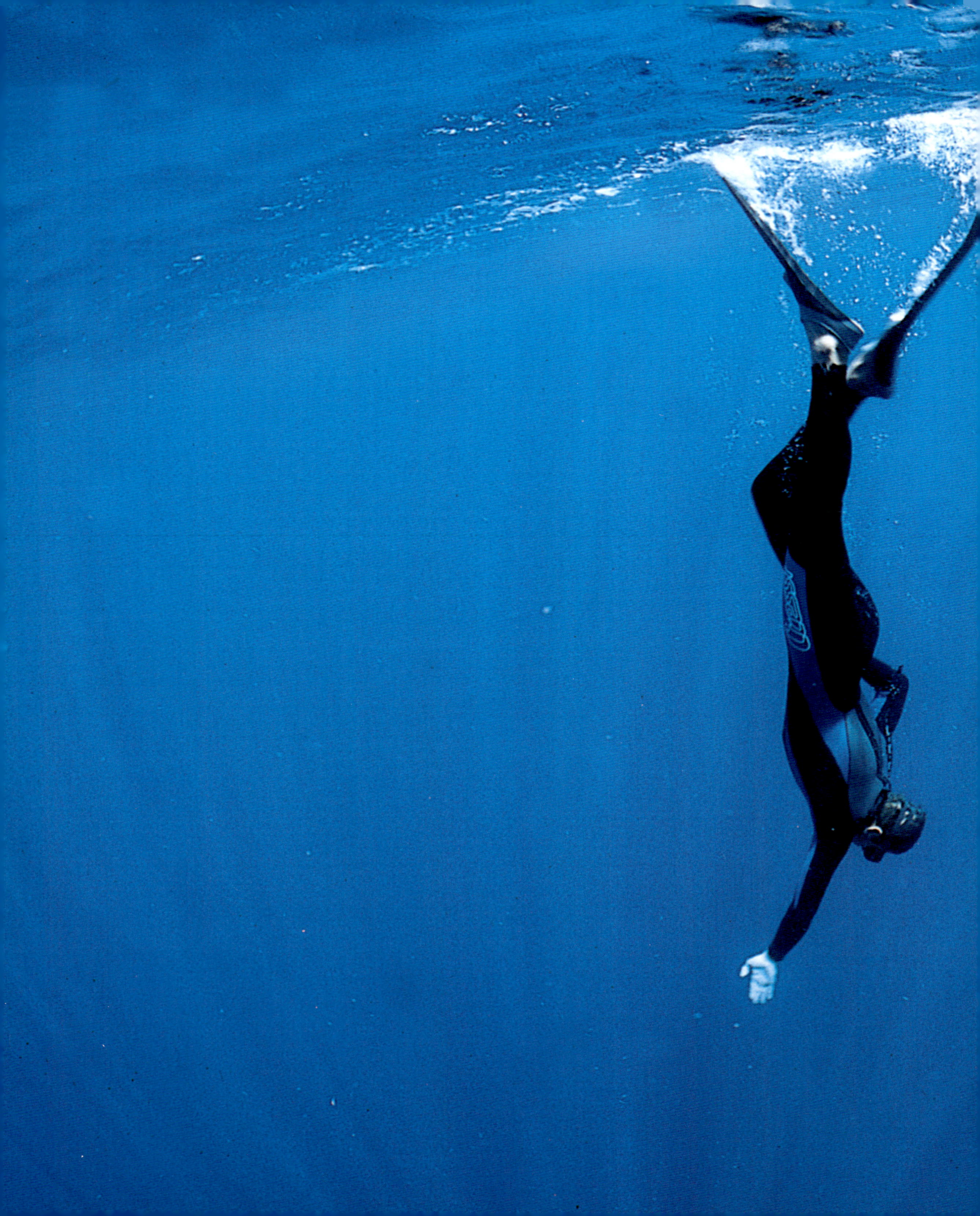

103

»Nach 25 Metern höre ich auf, mit den Flossen zu schlagen. Meine Lungen sind so komprimiert, dass ich wie ein Stein nach unten gezogen werde.«

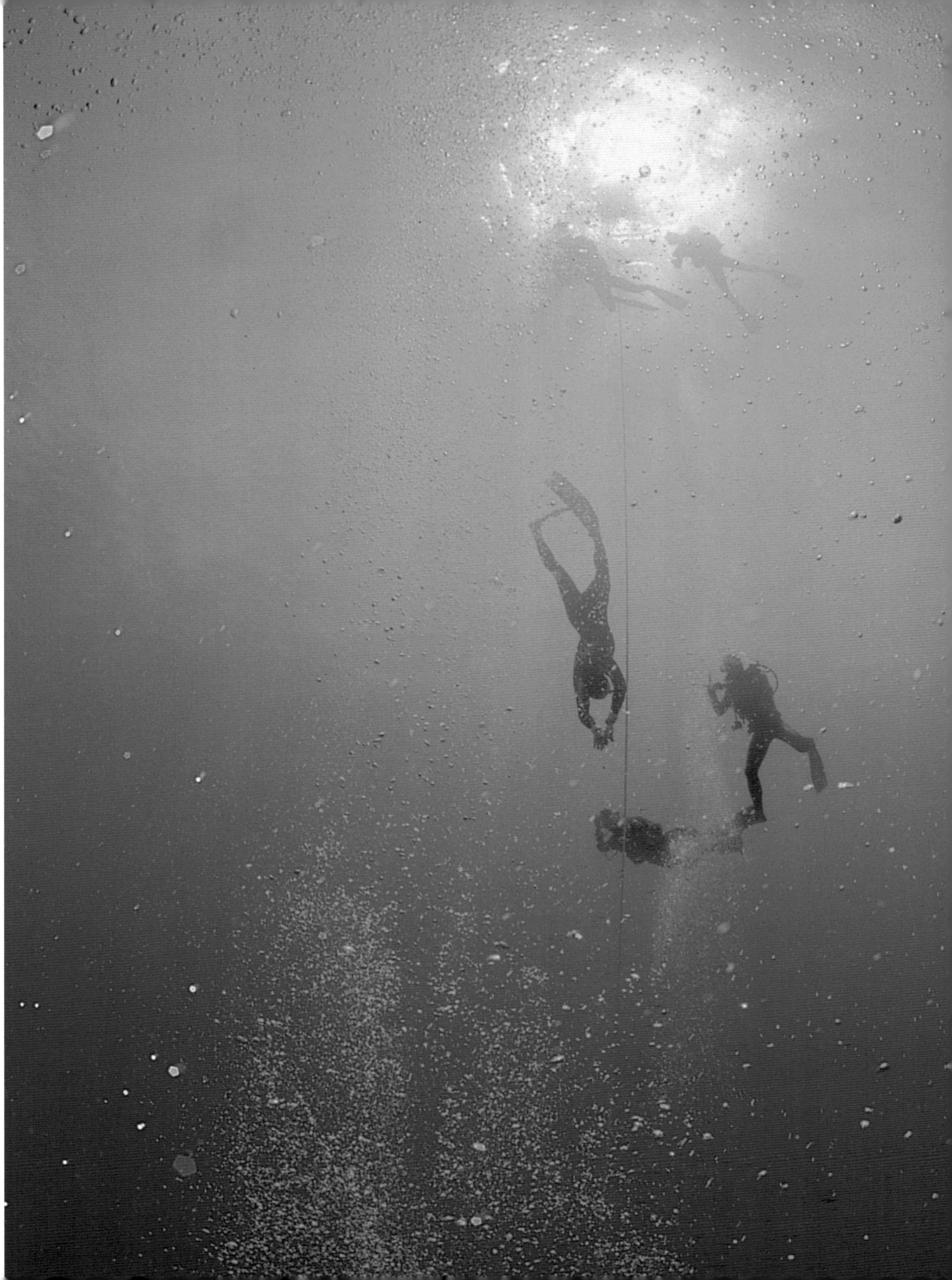

Auch bei der Kategorie Konstantes Gewicht sind Taucher in regelmäßigen Abständen platziert. Sie signalisieren Umberto, in welcher Tiefe er sich gerade befindet. Dazu schlagen sie mit zwei Metallstücken aufeinander – jeder erzeugt einen anderen Ton. Wasser leitet akustische Signale wesentlich besser als Luft. Das Seil dient der Orientierung – festhalten darf sich Umberto gemäß den Regeln daran aber nicht.

»In der Tiefe suche ich mein
Ich. Es ist eine mystische
Erfahrung, an der Grenze
zum Göttlichen. Ich bin
unendlich alleine, aber es
ist, als ob ich die Essenz
der gesamten Menschheit
in mir tragen würde. Es
ist mein Menschsein, das
Grenzen überschreitet,
das sich in einer Verschmel-
zung mit dem Meer sucht,
das in sich versinkt und sich
wiederfindet.«

»Da ist keine Schwerkraft,
kein Licht, keine Geräusche.
Du bist in einer anderen
Welt. Das erzeugt bestimmte
Empfindungen. Wenn du
ganz unten angekommen
bist, möchtest du nicht
zurück. Du willst dort bleiben, noch tiefer gehen, denn
du weißt, dass diese Emp-
findungen und Gefühle
beim Aufsteigen nach und
nach wieder verschwinden.«

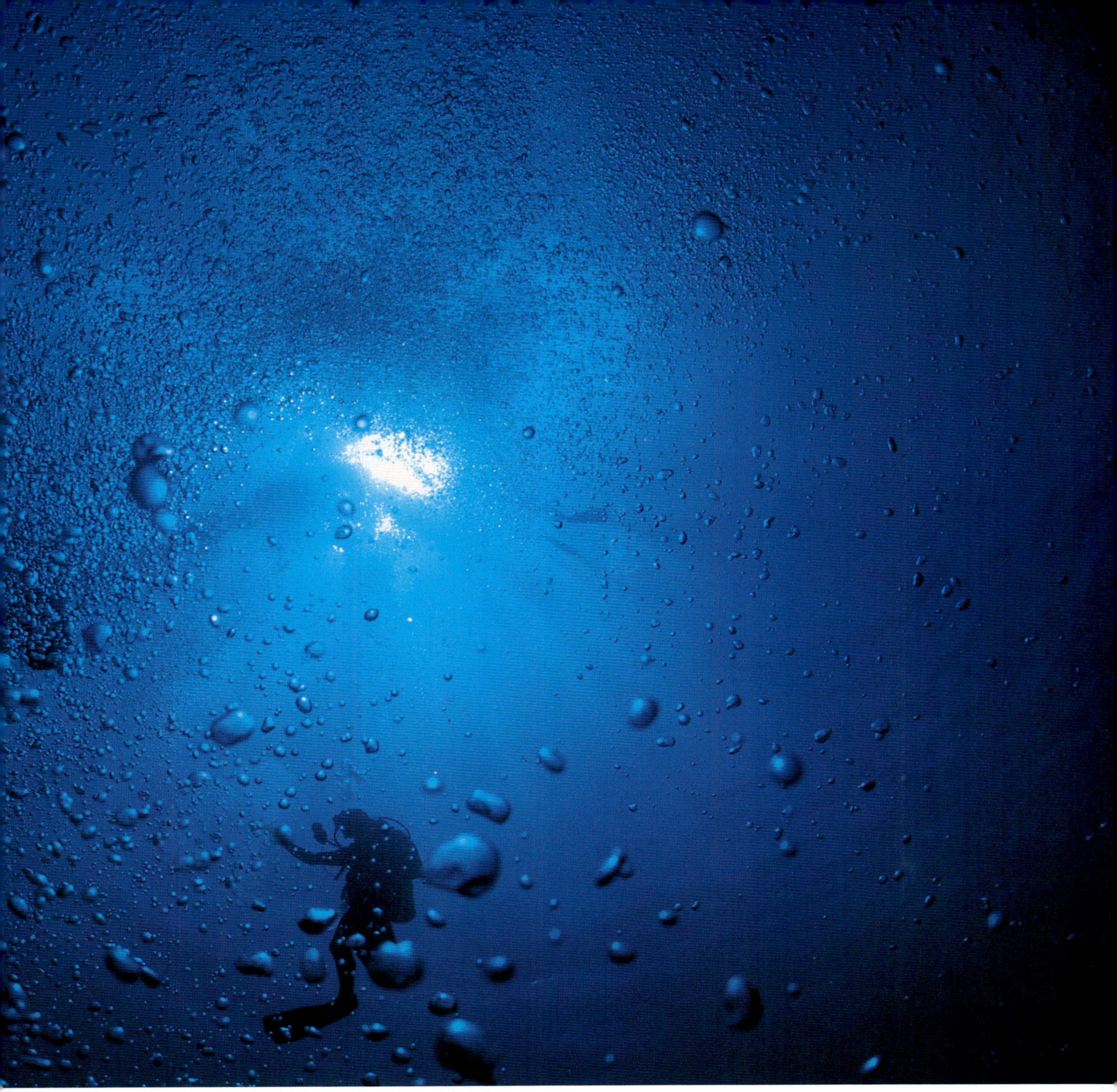

Ich gehe runter, um mich selbst zu entdecken

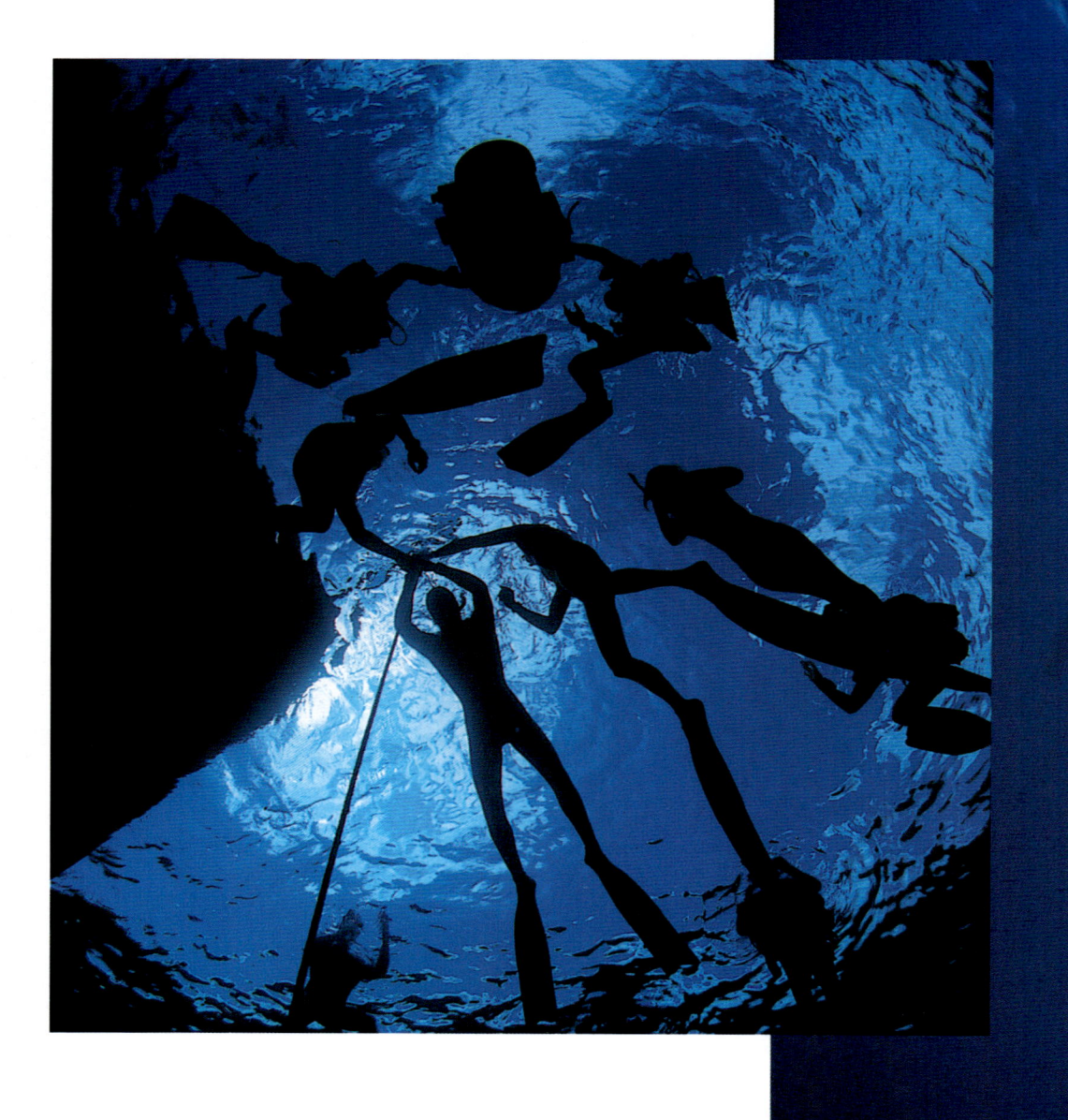

»Ich weiß, dass ich atmen muss, dass ich ein Mensch bin, aber hier unten spüre ich es nicht. Ich werde erst wieder zum Menschen, wenn ich die Wasseroberfläche durchbreche.«

Neuer Weltrekord in der Disziplin Konstantes Gewicht: 80 Meter! Der Auftrieb katapultiert Umberto bis zum Bauch aus dem Wasser, zuerst den in Siegerpose erhobenen Arm. Die Freunde feiern mit ihm zusammen den Triumph.
»Der erste Atemzug nach dem Auftauchen ist anders als alle anderen. Wenn du die Wasseroberfläche durchbrichst, hältst du kurz inne und atmest erst nach einer kurzen Weile wieder. Das ist wie der erste Atemzug, nachdem wir auf die Welt gekommen sind. Die Geburt ist ja auch der Übergang von einer aquatischen in eine irdische Welt.«

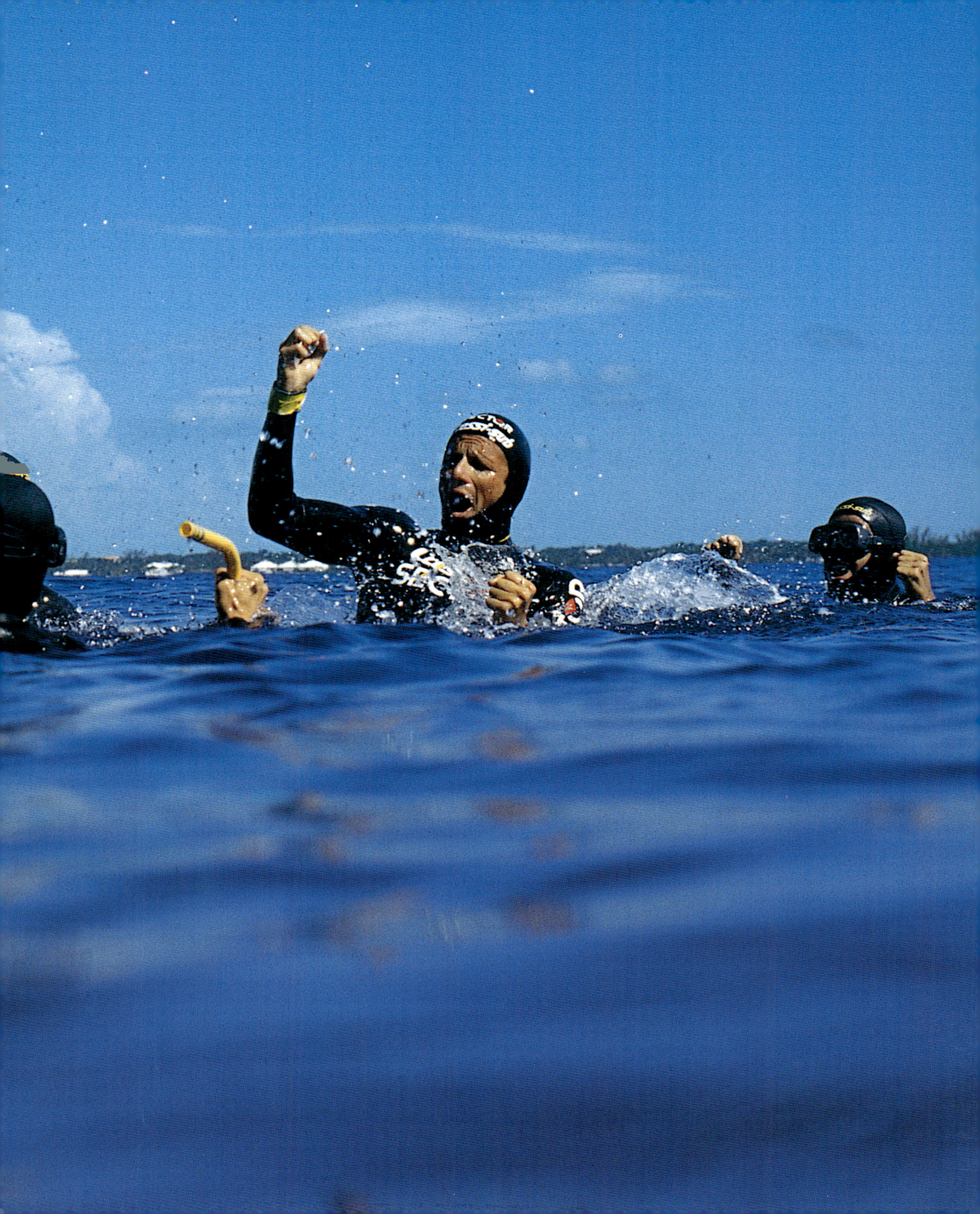

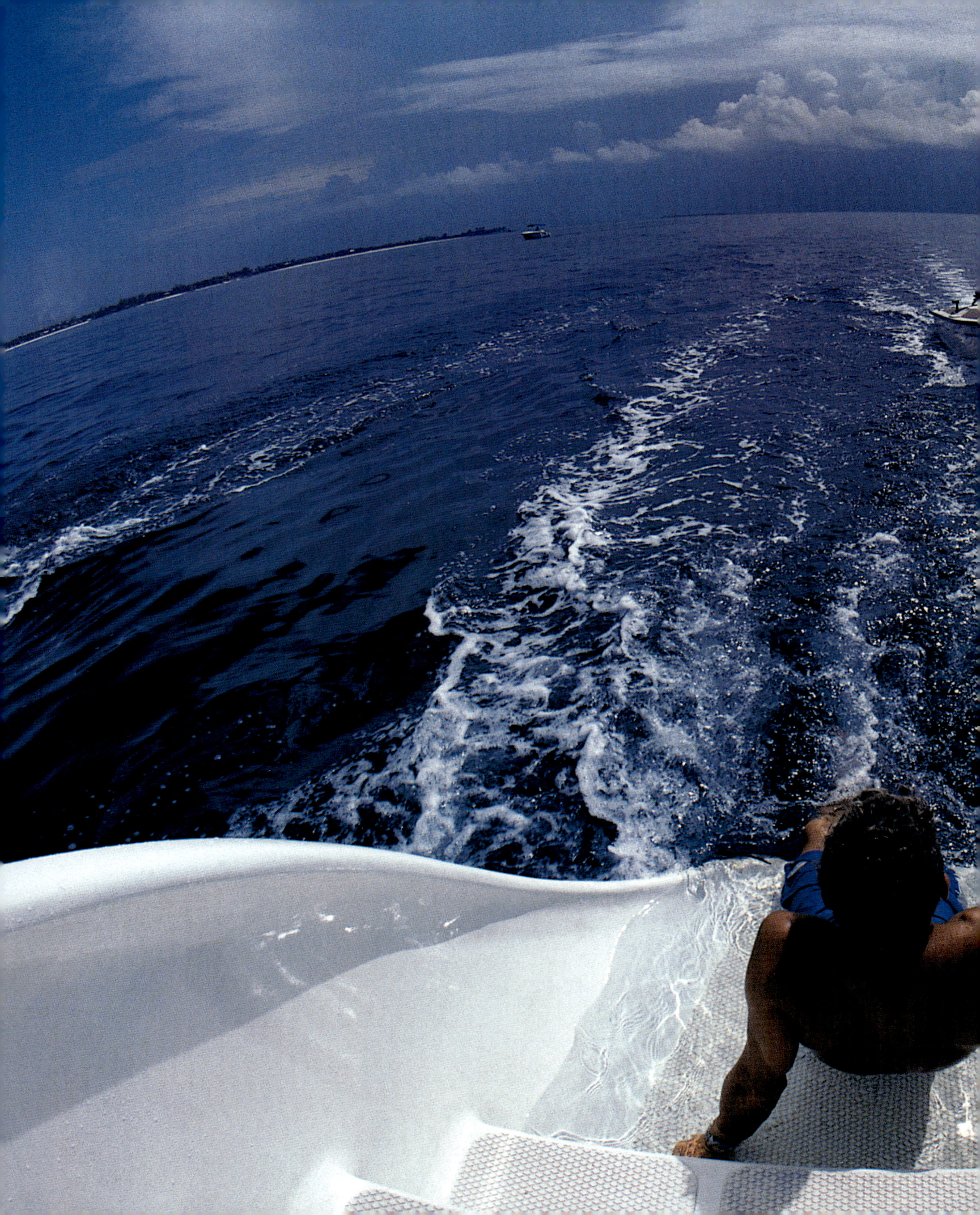

»Jedes Mal ist es eine bewusste Entscheidung, wieder aufzutauchen. Was ich unter Wasser verspüre, kann ich weder durch Worte noch durch Gedanken ausdrücken. Meine Empfindungen nehmen mich ein. Sie sind stark und klar. Ich spüre das Leben in einer klirrenden Intensität.«

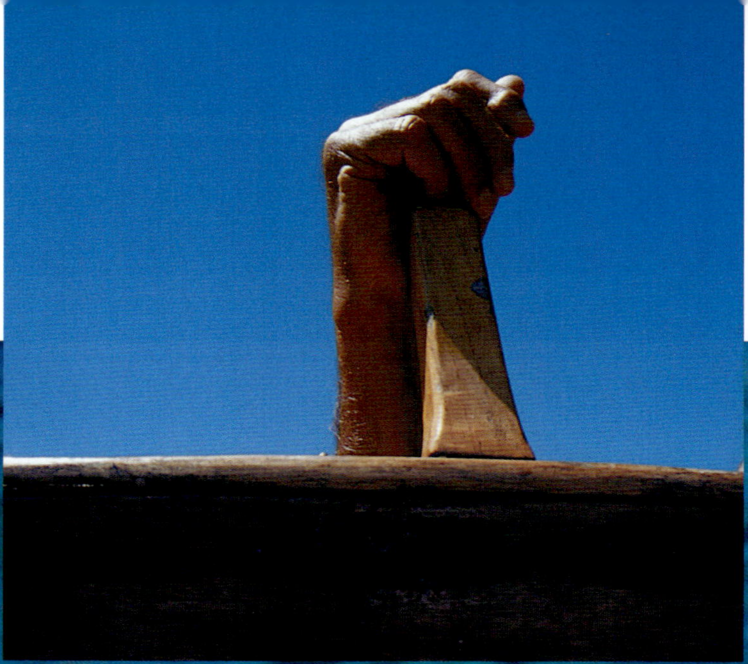
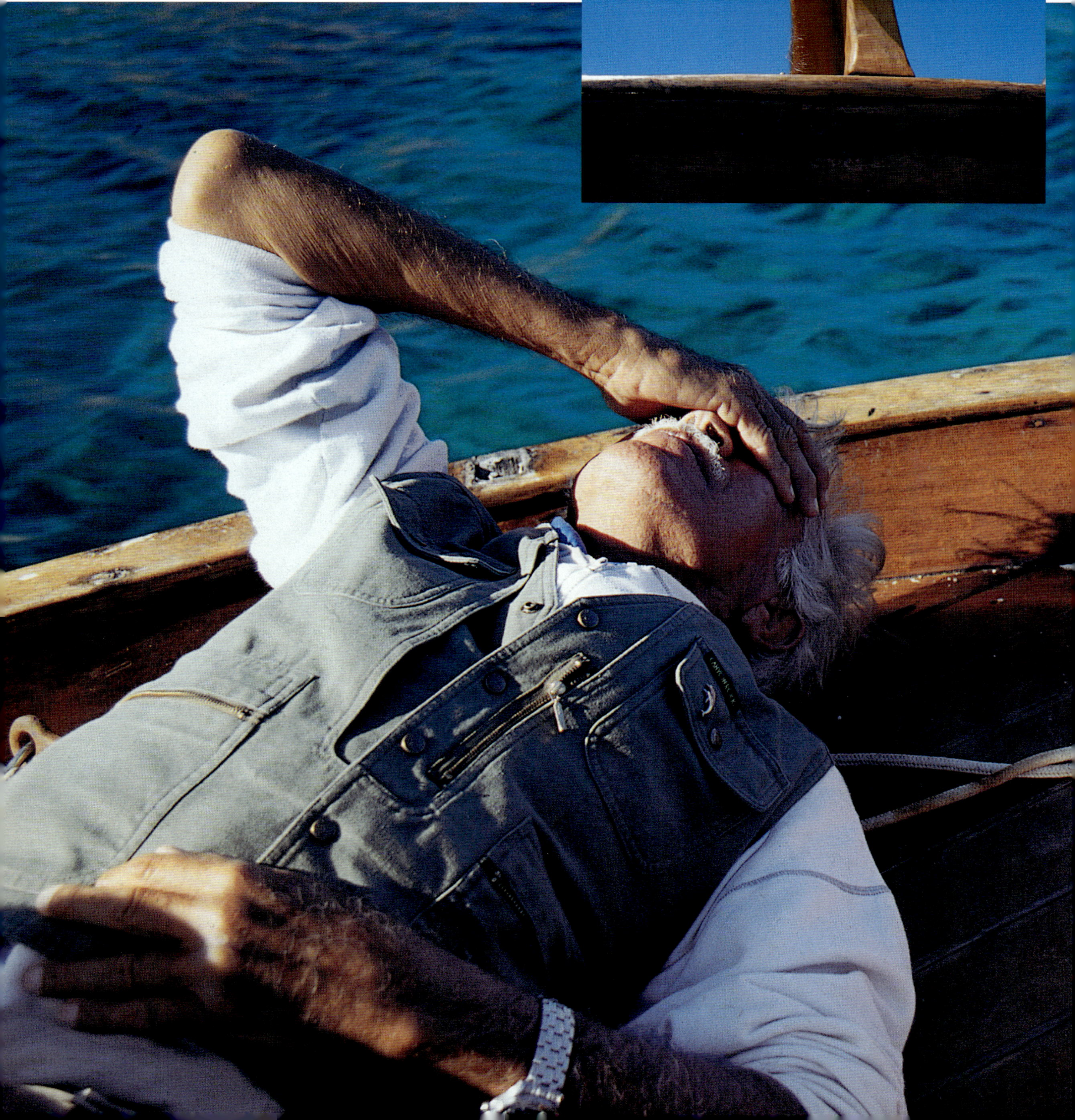

Mit ihm fing alles an: Jacques Mayol, der legendäre Vater des Freediving. Er machte sich schon früh meditative Techniken zunutze und war Lehrer von Pipin und Umberto. Als Erster erreichte er 1976 die magische Grenze von 100 Metern. Auch Jacques hatte einen Rivalen: Enzo Maiorca. Der Franzose und der Italiener trieben sich wie Pipin und Umberto gegenseitig zu immer tollkühneren Leistungen – sie brachen ihre eigenen Rekorde und die des anderen.

1949 hatte der Italiener Raimondo Bucher mit damals für Wissenschaftler nicht vorstellbaren 30 Metern den ersten Weltrekord im Apnoetauchen aufgestellt. Jacques Mayol und Enzo Maiorca mussten fortan, wie die heutigen Helden des Apnoetauchens auch, ihrer Leidenschaft, immer tiefer zu dringen, gegen jeden ärztlichen und wissenschaftlichen Rat und gegen alle Warnungen nachgehen. Luc Besson setzte den beiden 1987 mit dem Film »The Big Blue – Im Rausch der Tiefe« ein Denkmal.

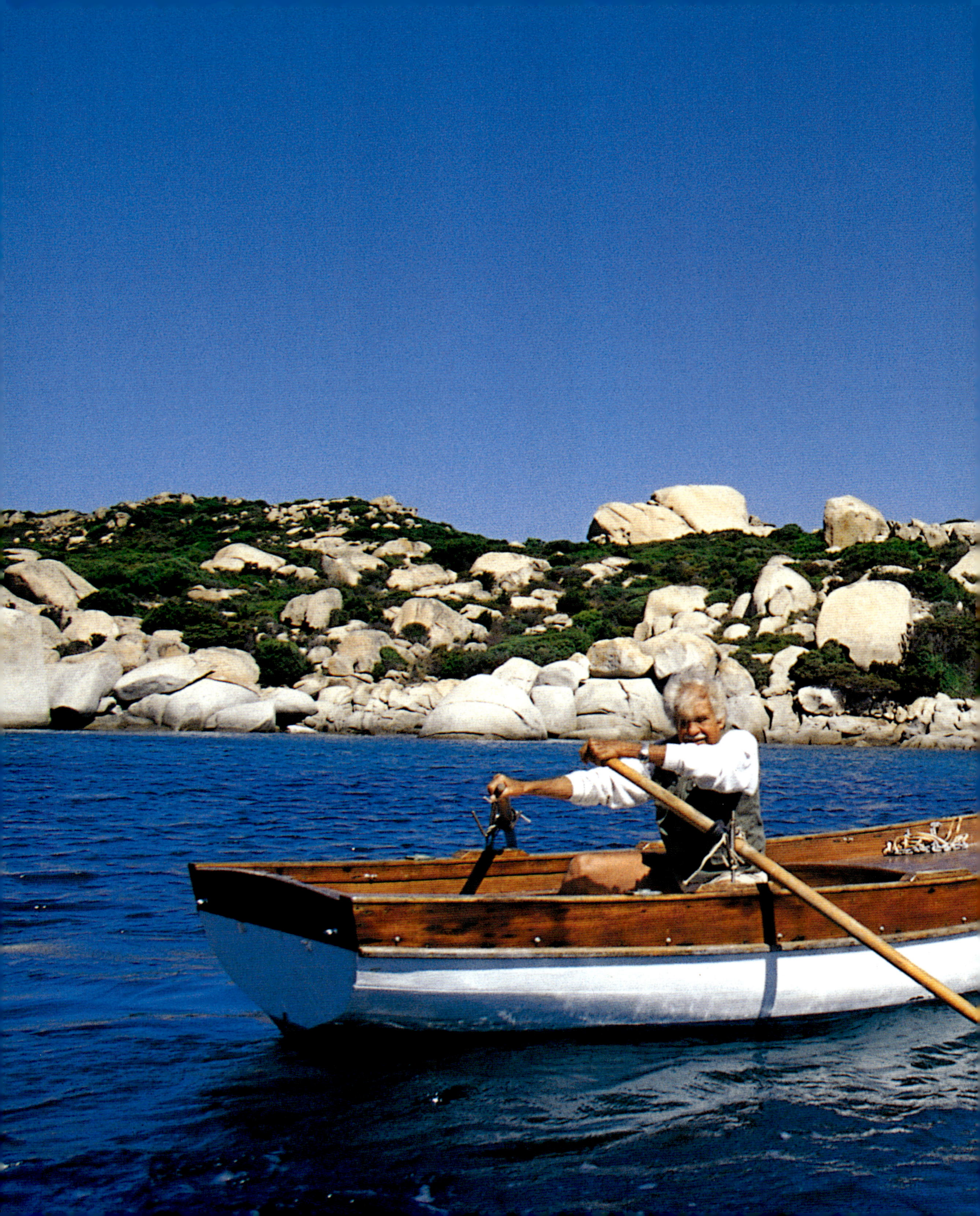

Die Geschichte des Freediving geht noch viel weiter zurück. Es ist die älteste Form des Tauchens überhaupt. Verschiedene Völker auf der ganzen Welt haben sich so über Jahrhunderte ihren Lebensunterhalt verschafft.

117

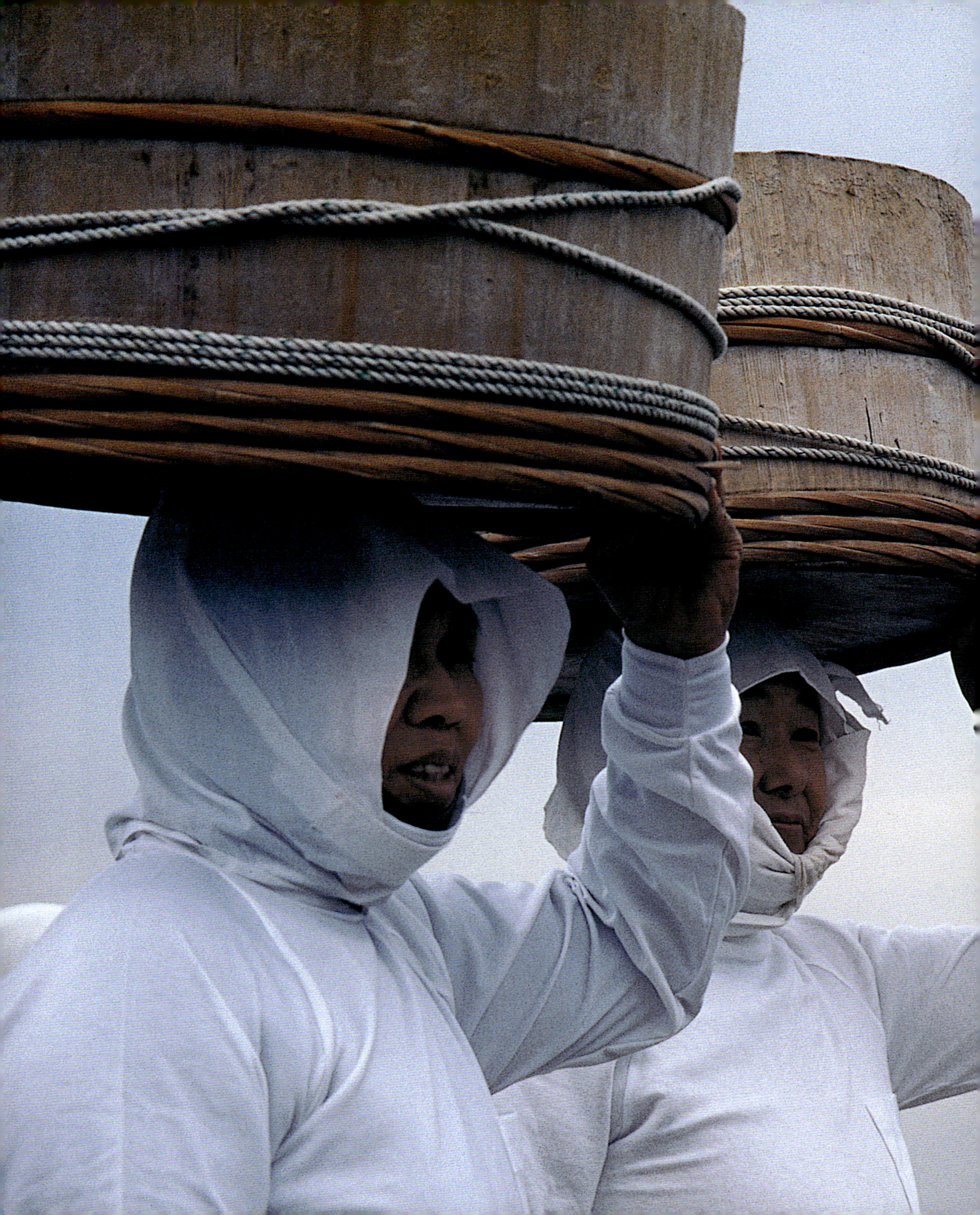

Noch heute findet man in Shirahama an der Ostküste Japans Frauen, die auf diese Weise sich und ihre Familien versorgen: die Ama. In weiße Gewänder gehüllt – die Farbe soll Haie abschrecken –, tauchen die Frauen nach Meeresfrüchten und legen sie in die Behälter, die auf der Wasseroberfläche schwimmen.

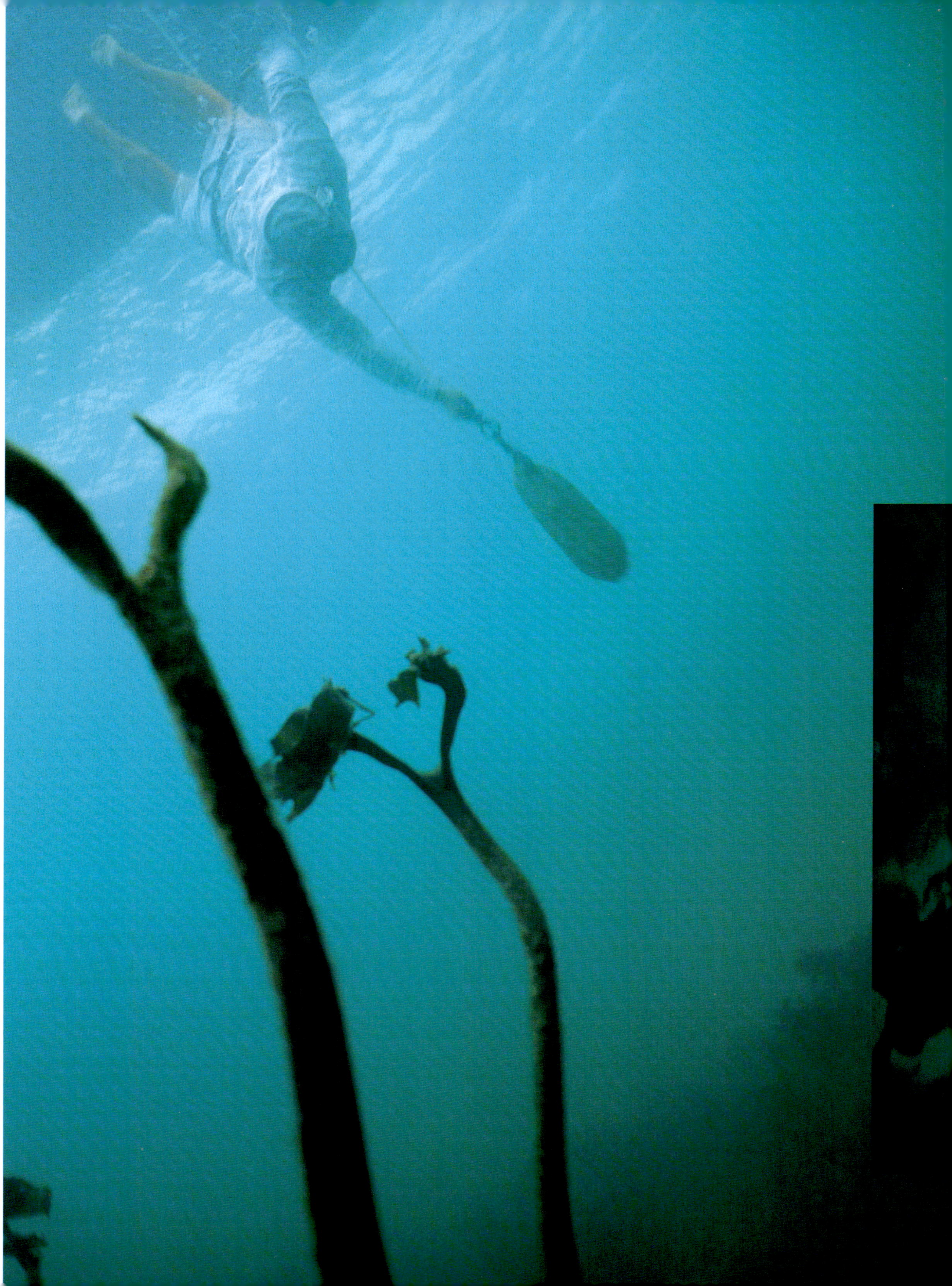

Täglich gehen die Ama-Taucherinnen etwa 100 Mal in eine Tiefe von rund 20 Metern. Dort bleiben sie für ein bis zwei Minuten. So verbringen sie am Tag mehrere Stunden unter Wasser. Dazu binden sie sich Steine um die Hüften und lassen sich nach unten ziehen.

Die Männer, die sie auf Booten hinaus aufs Meer gerudert haben, holen die Frauen im Gefahrenfall schnell aus dem Wasser – diese können sich bemerkbar machen, indem sie ruckartig am Sicherheitsseil ziehen.

Kinder der Meere

In den Ozeanen hat einmal alles Leben begonnen. So fern und doch so nah. Denn auch für jeden einzelnen Menschen scheint das Leben in einem Urmeer angefangen zu haben: in der Gebärmutter, die das Kind dunkel umfängt und ihm Schutz und Geborgenheit gibt. An die Zeit im Mutterleib erinnern sich Neugeborene gut. Noch Monate nach der Geburt können sie im Wasser ganz selbstverständlich tauchen. Mit einem halben Jahr verliert sich diese natürliche Begabung wieder.

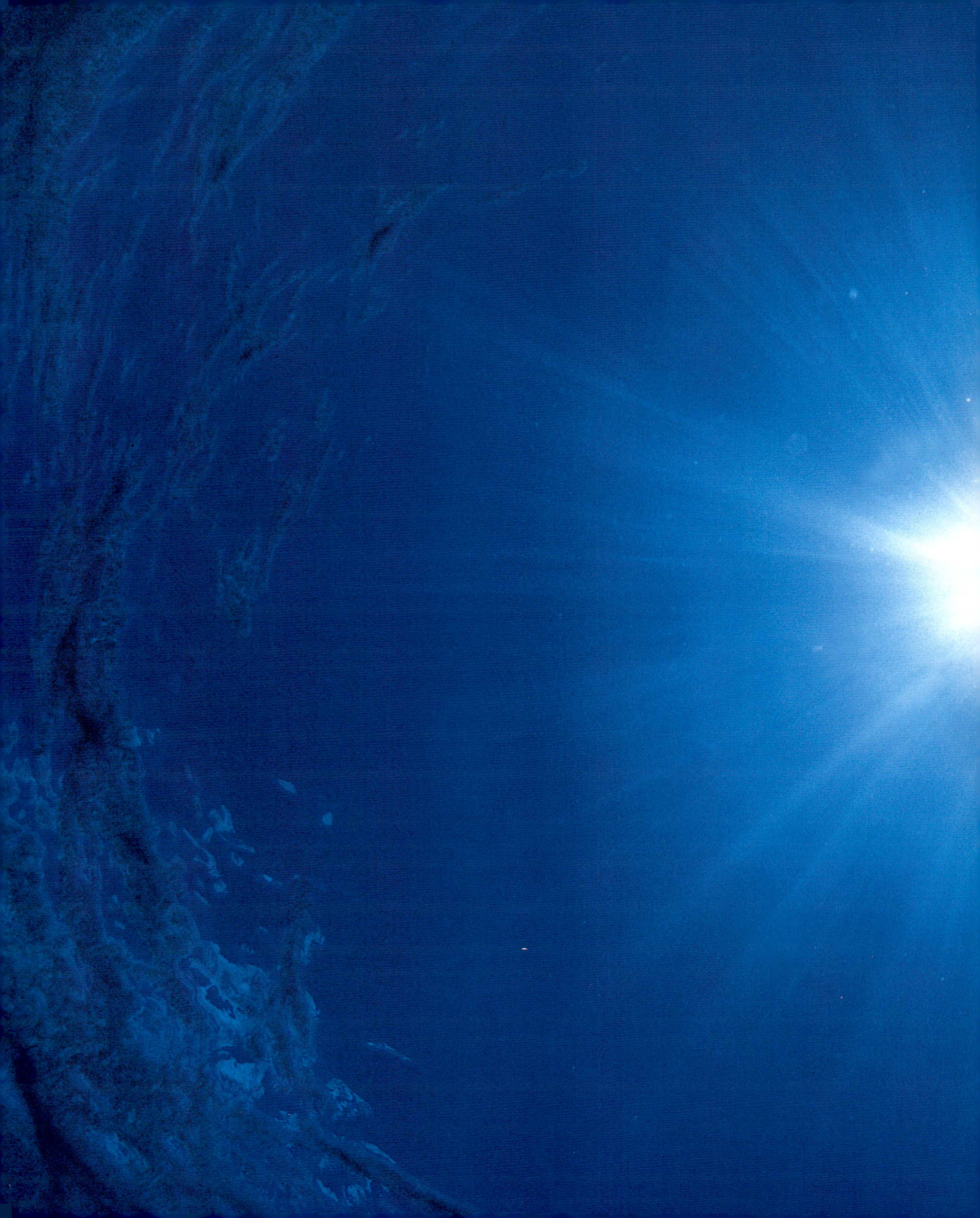

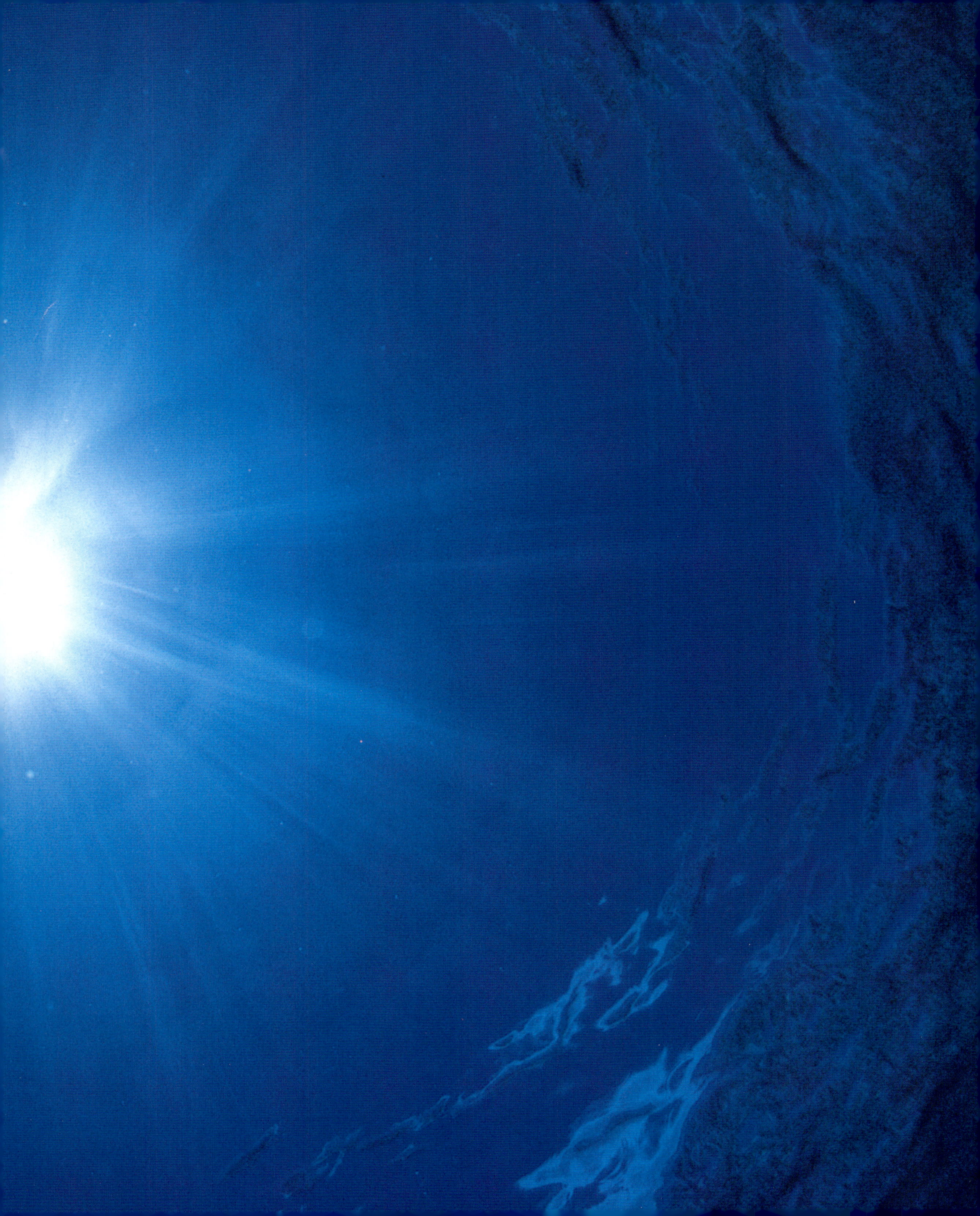

126

2000/2001 entstanden der IMAX-Film »OceanMen« und das TV-Doku-Drama »Ocean-Men – Kampf in der Tiefe«. Beide dokumentieren in atemberaubender Weise den Wettkampf zwischen den Weltmeistern Pipin Ferreras und Umberto Pelizzari.

Impressum

Die Deutsche Bibliothek -
CIP-Einheitsaufnahme
Ein Titelsatz für diese Publikation ist in der Deutschen Bibliothek erhältlich.

Bildnachweise:

Bildmaterial aus
OceanMen – Large Format
und OceanMen – Challenge
in the Deep

Fabrice Dall' Anese
2–3, 8, 8/9, 10/11, 12, 13,
16/17, 17, 20/21, 22, 22/23,
23, 24, 24/25, 26/27, 26/27,
28/29, 28/29, 29, 31, 32, 32,
34, 35, 38, 39, 40, 41, 48,
48/49, 50/51, 53, 54, 55,
58/59, 60–61, 64, 64/65, 66,
69, 70–71, 72, 72/73, 74,
74/75, 76/77, 78, 78, 78/79,
78/79, 80, 80/81, 80/81, 82,
82/83, 84, 84/85, 86, 86/87,
87, 88/89, 90/91, 91, 92,
92/93, 94, 94, 95, 96/97, 98,
98/99, 106, 114/115, 114,
116/117, 117, 118/119, 119,
120, 120/121, 123, 123,
126/127

Tim Calver
1, 4/5, 6/7, 8/9, 10, 14, 15,
16, 18/19, 26, 30, 32, 33, 33,
36, 36/37, 37, 38/39, 42–43,
44, 44, 44/45, 46/47, 48, 51,
51, 52, 52/53, 54, 56/57, 57,
63, 66/67, 68/69, 92, 96,
100/101, 102/103, 103,
104/105, 105, 106/107, 108,
108/109, 110/111, 112/113,
113, 122/123, 124–125,
126/127

Bob Talbot
10/11, 62/63, 66/67

Aiken Weiss
115

Ron Everdij
20

Persönliches Archiv
(Umberto Pelizzari)
88, 89, 89

Persönliches Archiv
(Francisco Ferreras)
18, 19

Copyright © H5B5 Media AG

www.oceanmen.com

OceanMen Soundtrack im
Handel erhältlich (WEA
Records)

Konzeption und Produktion:
Buch-Werkstatt GmbH,
Bad Aibling
Konzeption, Layout
und Umbruch: Dieter Klee
Texte: Daniela Weise
Projekt Management:
Almut Saygin
Titelbild: Mia Dorsch
Illustration: Christophe Tebar
Portraits: Fabrice Dall' Anese

ISBN 3-933731-63-1
1. Auflage 2001

Copyright © 2001 Burgschmiet
Verlag GmbH + Co. KG
Burgschmietstr. 2-4,
90419 Nürnberg

Alle Rechte vorbehalten.

Printed in Italy